EVEN THE ODDS

SENSIBLE RISK-TAKING IN BUSINESS, INVESTING, AND LIFE

胜算

商业、投资和生活中的风险管理

[美] 凯伦·费尔斯通（Karen Firestone）◎著

任永坤◎译

机械工业出版社
China Machine Press

图书在版编目（CIP）数据

胜算：商业、投资和生活中的风险管理 /（美）凯伦·费尔斯通（Karen Firestone）著；任永坤译．—北京：机械工业出版社，2017.8
书名原文：Even the Odds: Sensible Risk-Taking in Business, Investing, and Life

ISBN 978-7-111-57636-5

I. 胜… II. ①凯… ②任… III. 风险管理 – 研究 IV. F272.35

中国版本图书馆 CIP 数据核字（2017）第 179953 号

本书版权登记号：图字：01-2017-2500

胜算：商业、投资和生活中的风险管理

出版发行：机械工业出版社（北京市西城区百万庄大街 22 号 邮政编码：100037）
责任编辑：范泽鑫
责任校对：殷 虹
印 刷：北京文昌阁彩色印刷有限责任公司
版 次：2017 年 8 月第 1 版第 1 次印刷
开 本：147mm×210mm 1/32
印 张：8.375
书 号：ISBN 978-7-111-57636-5
定 价：49.00 元

凡购本书，如有缺页、倒页、脱页，由本社发行部调换
客服热线：（010）68995261 88361066　　投稿热线：（010）88379007
购书热线：（010）68326294 88379649 68995259　　读者信箱：hzjg@hzbook.com

Even the Odds

赞　誉

风险无处不在，我们都需要聪明应对。这本书教你像资深专业投资人一样管理风险。凯伦·费尔斯通通过一个个有的放矢、引人入胜的案例，与大家分享她丰富的经验。

——Ben Shapiro，哈佛商学院市场营销学名誉教授

《胜算》是一本独一无二的书。对于每位准备踏入职场的 MBA 学生，或准备跳槽的专业人士来说，它都是一本必读书。这本书以十分坦率、清晰、聪明的方式阐述了风险与收益之间的博弈，整合了沃伦·巴菲特（Warren Buffet）的智慧，以及奥普拉·温弗瑞（Oprah Winfrey）平易近人的人格魅力。本书的作者是世界上最成功、最具智慧的资金管理人之一，这本书将帮你在市场和资金的震荡中寻找机会，解决爱、家庭、社区生活中的复杂问题。与大多数 CEO 及官员的传记式著作不同，费尔斯通还分享了失误的经历、逆势反弹的经验，以及如何察觉他人的危险行为。

——Jeffery A. Sonnenfeld，耶鲁管理学院领导力行为学教授，领导力研究所高级副院长，*Firing Back* 和 *The Hero's Farewell* 作者

《胜算》详尽地探索了风险的多个维度。结合风险管理理论、商界趣闻及亲身经历，凯伦·费尔斯通围绕着风险这个与所有人都相关的问题，创作出这本可读性极强的书。

——Lord Adair Turner，英国金融服务监管局前主席，《债务和魔鬼》(*Between Debt and the Devil*) 作者

凯伦·费尔斯通的这本书非常有见解、逻辑性强、通俗易懂，她创造性地对风险进行研究，探讨了如何应对这个充满不确定性的世界。我尤其喜欢她穿插其中的关于金融风险承担及个人风险承担的案例分析，这其中包含了她对成功与失败的中肯评价。她列出的例子充分证明了，为何系统评估风险有助于更好地制定决策，以及取得更好的结果。

——Edward H. Ladd, Standish Mellon 资产管理公司名誉主席，CFA

《胜算：商业、投资和生活中的风险管理》一书详细展示了凯伦·费尔斯通的个人经历。凭借自己的勇气与敏锐的分析能力，她在动辄数十亿美元的风起云涌中游刃有余，在历史上规模最大的金融危机达到顶峰时冒险担任投资公司的CEO。如今，她要帮助其他人应对风险带来的不确定性。

——Peter Gammons，作家，记者，棒球大联盟分析师

凯伦·费尔斯通已经成功地在市场风险中穿行多年。在《胜算》一书中，她向我们传授了自己明确、实用的评估市场风险的方法。通过向我们展示如何确定问题切入点，如何发现潜在的陷阱，这本书帮助我们在追梦的过程中保持头脑清醒。这是一本由一位充满智慧与胆识的商业女性著成的充满智慧与胆识的书。

——Robin Ely，哈佛商学院文化与社会学院高级副院长，
商业管理学教授

Even the Odds

前　言

我的工作是和风险打交道，你也一样。每天，我们都要应对各种充满不确定性的情况，这些情况可能没有危害，也可能非常危险；可能无关紧要，也可能会使我们付出昂贵代价。我们可能会在拥挤的路口将车强行并入车道；可能会在会议上打断同事的发言，发表有争议的观点；可能会一时冲动，不计后果地投资朋友的创业项目；也可能会吃下一份奶酪汉堡，暗喜吃到了薯条，而不是沙拉。

上述行为可能会导致多种后果：你可能会遭遇交通事故、消化不良、财务危机，也可能平安无事、顺利到家。这些例子说明在日常生活中，与风险有关的决策无处不在。然而，我们却经常意识不到潜在的危险，即便是应该仔细对形势加以评估时，我们所做的努力也远远不够。

日常工作中，我一直在应对不可预测的情形。我供职的公司代理客户投资，为客户管理财富。客户信任我们的专业判断，愿意支付费用让我们代其做出艰难的投资决定。我们通过成功分析风险，帮助客户避开重大财务损失赚取利润。本书的重点便是探讨如何制定理性的风险承担策略，从而优化决策结果，增加财富净值。

除了中间几年去商学院学习外，成年后，我一直从事投资风险评估工作。自五年级起，我便对股票市场产生了浓厚的兴趣。那一年，卡尔亨（Culhane）老师带领我们创建了一个投资组合，我们在全年课程中跟踪这个投资组合的走势，记录自己的损失与收益。那一年是 1967 年，那个投资组合最初包括 IBM 公司、施乐公司（Xerox)、克尔－麦吉公司（Kerr McGee)、联合技术公司（United Technologies）以及伊士曼柯达公司（Eastman Kodak）的股票。我的投资决策包括卖掉联合技术公司的股票，买入 Flying Tiger 的股票；卖掉伊士曼柯达，买入雅芳（Avon）的股票。那些年正值牛市，我们都大赚了一笔，可惜只是在账面上。不过，我觉得卡尔亨老师自己在股市中是活跃分子。

后来，我去了英联邦学校（Commonwealth School）念高中。这是波士顿的一所私立高中，它的创始人兼校长查尔斯·梅里尔（Charles Merrill）非常慷慨，为我提供了一笔丰厚的奖学金。他的父亲老查尔斯 E. 梅里尔（Charles E. Merrill Sr.）是美林银行的联合创始人。[1] 我请梅里尔校长帮我在美林银行争取一个职位。美林银行在卡普利广场（Copley Square）设有办公室，就在学校附近。作为坚定的自由主义者，梅里尔先生先是将头埋入手中，剧烈摇头。但最终，他抬起头来看向我，并答应了我的请求。他同意帮我安排，让我参加美林分支机构主管比尔·斯劳特（Bill Strott）的面试，但我必须答应他，永远不会成为一名“资本主义者”。那时我只有 16 岁，并不能确切理解“资本主义者”的意思，我答应了他。(若干年后，我因没有遵守诺言而向梅里尔先生道歉。) 第二天，我在公告栏上看到了梅里尔校长给我的留言：“与比尔·斯劳特先生的会面安排在下午三点半。要穿裙装！！！”我按时去了，斯劳特先生迫于情面雇用了我，安排我做一些零散的工作。这是我在投资界的第一份带薪工作，我仿若置身于天堂。

如今，我在自己参与创立的投资公司奥里斯（Aureus）公司担任 CEO。这家公司创立于十余年前，创立之初便遭遇了美国历史上罕见的金融危机的侵袭。因此，我深切体会到创建一家新公司无法回避的风险。在创立奥里斯之前，我在美国富达投资集团（Fidelity Investments）工作了22年，负责管理的大型成长型基金的资产额超过120亿美元。在富达工作期间，我深刻认识到大额股票交易的风险，并努力在长期跑赢市场。在这些年里，我还养育了4个孩子，这为本就非常丰富的风险决策日程增添了新的维度。

《胜算》一书运用理性风险承担的四大原则来分析各种类型的风险情景。这四大原则包括：确定风险的大小，选择合适的时机，依靠知识与经验，对承诺与预期存疑。在多年经验的基础上，我总结出风险评估的这四大原则，它们帮助我完成了人生中不同领域的多个艰难挑战。本书将通过真实案例对这四大原则及其应用加以论述，案例的主人公要么十分精通这套理性风险承担策略，要么在这方面栽了跟头。

本书对每个原则的各个参数分别进行探讨，进而将这些原则广泛应用到商业、投资、生活中去。其中，**第一部分**论述了每个原则的要点及理论框架，并讨论了每个原则对应的案例。**第二部分**论述了如何将这些原则应用到商业领域，以及我从一家公司离职后创立新公司，并在严重的金融危机中经营新公司的经历。**第三部分**论述了我与其他投资人如何将理性风险承担原则应用到投资工作中，以及因不重视这些原则而导致投资失败的案例。**第四部分**则通过几个生活困局，论述了如何将这些原则应用到个人生活领域。

随着对这四大原则探讨的不断深入，我们将愈加深刻地认识到需要用到它们的情景是如此之多。它们能够帮助我们选择正确的道路，避开潜在的危险。没有妥善处理风险的后果可能非常严重，可能会损失金钱、产业、声望、健康，甚至失去生命。无论是创立新公司，投资朋友的企业，养育一个孩子，还是在夜间跑步，《胜算》都能为你提供一个稳健、易懂的框架，来分析每日生活中的风险与收益。

本书中的案例短文，既有真实故事，也有将我遇到的多个事例糅合在一起虚构的故事。分析这些案例的目的在于展示风险在生活中的重要地位。风险如果被妥善处理，可能会带来积极的结果；如果被误读或处理不当，或许会带来巨大的灾难。书中的部分案例是我的亲身经历，这些案例也展示了我是如何学会应对风险的。

小时候，我在一张便签纸的中间画一条竖线，在竖线两侧列出转学的好处与坏处。自那时起，我便体会到了风险分析的乐趣。我仍然记得年轻时所做的明智决策，比如商学院毕业后选择工作，或是与未来的老公约会。当然，我也做过一些很失败的决策，比如暴风雪来临时等太久才步行回家，因而不得不在地铁里等好几个小时。我们不断从成功与失败中汲取经验和教训。接下来，我将与大家分享通过评估风险承担决策收获的一些见解，这里面既有我自己的总结，也有其他人的经验。

Even the Odds

目录

第一部分

风险管理

Even the Odds

第 1 章

确定风险的大小

在我的职业生涯中，风险一直伴我左右。风险的重要性早已被大家公认，华尔街从业者及大学学者都对风险进行了十分详尽的研究。尽管如此，关于如何应对常见的风险，这些研究能够给出的实用建议仍然不多。

我们总是忽视一些风险因素，不愿考虑这些因素可能带来的可怕后果。《胜算》一书中讨论的几大原则将帮助大家提升风险决策水平，避开各种可怕的陷阱。风险可能带来的收益经常诱导我们对风险做出错误的判断。无论你是正着手投资新兴经济体，还是正在考虑放弃华尔街的工作，转行当老师，重大人生转变都蕴含着巨大的不确定性，而评估潜在成本与收益的过程却令人发怵。在生活中的各个领域，盲目追求高额回报往往使我们很难做到“三思而后行”。

善于平衡风险与收益是我的核心能力。作为一名投资者、公司所有者、一位妻子以及四个孩子的母亲，我的经验使我总结出了广泛适用的风险承担原则。这些原则包括确定合适的风险规模，选择合适的时机，依靠知识与经验，以及对承诺与预期存疑。它们既能有效指导我应对国际金融危机，也可以帮我选择一位合适的慢跑伙伴。虽然在实践中，这四个原则经常交互在一起，但在分析案例时，一般会有某个原则占主导地位。接下来，我将对这些原则逐一进行讨论。

第一个原则是确定合适的风险规模，这个原则引导你确定即将应对的风险规模。这里讨论的风险可以是金钱、情感上的风险，也可以是用时间、努力或精力来衡量的风险。例如，若你接受一份高薪工作，每天上下班各有一个小时车程，而你开车超过 30 分钟就会犯困，那么，这其中的风险就太大了。与此相对，建议自己上高中踢足球的女儿尝试守门员的位置就是比较合理的决定：作为守门员，她更有希望入选学校的足球队，而且可以随时回到防守。个体总是很难准确把握风险可能造成的损失，尽管有时对潜在收益的评估还算准确。我们在确定风险规模时都遇到过问题，接下来的例子就是我的公司在几年前的经历。

确定投资框架

2005年，我与好友大卫·斯卡德（David Scudder）共同创立了奥里斯资产管理公司（Aureus Asset Management）。如今，我在这家公司担任CEO。我们创立公司的初衷是，通过“现代定投模式”为家庭及个人提供投资服务。近几十年来，大学及非营利性机构广泛投资于国内及国外股票、债券、对冲基金，以及房地产、私募股权、风险资本等流动性资产。我们的目标是为个人提供同等的投资机会。

在制定投资决策时，我们会仔细研究每个投资备选项。只有十分确定某只股票的未来收益时，才会将其买入。我们会阅读备选公司披露的所有财务信息，查阅其在证监会的备案文件，分析该公司在行业内的竞争力。接下来，我们将与该公司的管理层进行会谈，访问该公司总部，并建立详细的未来收益及现金流模型。上述流程结束后，至少80%的投资备选项会被放弃，因为它们无法提供令人满意的成本收益比。

我们的投资组合中只有35 ~ 40只股票。每新增一只股票，其份额将占到客户投资组合的2% ~ 3%。在深入分析了分散投资与集中投资各自的优势后，结合其他因素，我们认为，在公司初创阶段，这就是比较合适的投资规模。

虽然每只股票的规模都不算特别大，但都是我们谨慎挑选出的“真金白银”。

冒险投资

尽管投资收益是衡量我们投资表现的首要标准，然而，有时客户的投资目标还涉及其他的因素与风险。哈里伯顿（Halliburton）公司就是这样的例子。从 2012 年开始，我们研究哈里伯顿公司。这是一家石油服务公司，该公司在环保领域的不作为使其名声扫地。即便是一向不关注环保的美国保守派人士，对哈里伯顿公司也没有好感。在 1995 ~ 2000 年，美国前副总统迪克·切尼（Dick Cheney）是该公司的掌门人。他拒不承认关于哈里伯顿公司排放有毒废物及违反多项联邦和地方法规的指控。[1]

然而，哈里伯顿公司面临的指控不仅只有排污这样简单。2010 年 4 月 20 日，位于墨西哥湾“深水地平线”（Deepwater Horizon）的一个钻井平台发生爆炸，导致 11 名工人遇难，16 名工人受伤。这个钻井平台归属于瑞士越洋钻探公司（Transocean Drilling），由英国石油公司（British Petroleum）运营，它的水泥外墙由哈里伯顿公司浇筑。灾难发生后，上述三家公司的股价均大跌。墨西哥湾其他能源公司的股价也是如此。

就在那时，我们的研究团队开始对哈里伯顿公司进行研究。我们认为，虽然哈里伯顿公司的股价尚未从低点反弹，但最困难的时刻已经过去。尽管它仍陷于排放及运输有毒化学品的诉讼，但我们觉得，哈里伯顿公司的股票是不错的投资选择。该公司的管理层也表示，公司将在环保方面做出更多努力。

从多个财务指标来看，哈里伯顿公司的股价较同类公司存在低估。此外，该公司正处于恢复当中，石油价格也在此期间持续上涨。因此，我们决定购买哈里伯顿公司的股票，并在此后的几个月内，以每股 27.99 ~ 42.07 美元的价格买入。由于股价仍在震荡中，哈里伯顿公司的股票在投资组合中所占的份额仅略高于 2%。如果股价反弹迹象明显，我们再追加持股份额。幸运的是，在经历了 2012 年上半年的震荡后，哈里伯顿公司的股价开始持续上涨。

倾听风险

在投资哈里伯顿公司近两年后，我们与一家客户的投资委员会进行了会谈。该客户是我们规模最大的几家非营利性客户之一，在西海岸拥有并经营一处美丽的自然保护区公园。该组织投资委员会的新任主席表示，哈里伯顿公司毫无环保意识，屡次破坏环境，他无法接受自己的基金持有该公司的股票，这尤其与该组织保护森林与野生动物栖息地的使命相悖。

我们与这个组织投资委员会的前任主席关系密切，但是却对新主席知之甚少。他对于投资哈里伯顿公司十分不满。我们列出了持有哈里伯顿公司股票的理由，但是并没有改变他的看法。会谈后，该组织投资委员会很快通知我们，要求我们在年底前卖掉哈里伯顿公司的股票。那时距年底还有 8 个月的时间，我们有足够的时间。我们尊重委员会的意见。

石油服务公司的股价与石油价格之间存在很强的相关性。从陆地或海上钻取的原油，每桶价格越高，钻探公司开采原油的动力便越足。2014 年春天，石油价格呈上涨态势。一方面，俄罗斯因其在乌克兰和克里米亚地区的军事行动而受到了国际社会的制裁；另一方面，利比亚与伊拉克战乱区的多个油田严重受损。受上述因素影响，石油供给预期在低位徘徊，石油交易商趁势抬高原油价格。到了 6

月份，一桶西得克萨斯轻质原油的价格已经逼近 106 美元。除了 2008 年夏天，原油价格曾被投机商炒至每桶将近 150 美元外，每桶 106 美元的价格已是历史次高位。事后看来，这是卖掉哈里伯顿公司股票的最好时机。然而在当时，我与我的合伙人都不确定油价是否将会大跌，也未做出卖出的决定。

在这个过程中，我们错误地估计了风险的规模。真正的风险在于可能会失去最大的客户之一，而绝不是哈里伯顿公司的股价波动这样简单。

听取警告

自 2014 年夏天起，石油价格开始走低。打压石油价格的主要原因是大量新开采的美国页岩油增加了市场供给，此外，中东地区的石油产量保持稳定。在需求方面，欧洲经济疲软压低了石油需求。尽管欧洲国家愿意在油价走低时购入原油，然而，由于石油以美元计价，美元走强并没有使欧洲国家降低购油成本。

2014 年 9 月初，我们再次与自然保护区的投资委员会在公司进行了会谈。我们为该组织选取的投资组合表现非常好，但投资委员会的主席很快指出，哈里伯顿公司的股票仍在账上。我们的解释是："之前贵组织提出的要求是在年底前卖出，我们准备在年底前完成卖出操作。"我补充道，自购入以来，哈里伯顿公司的股价已经上涨了 78%。但是，我却隐约听到了不以为然的笑声，好像是在私语："有时候好的结果来自错误的决策。"

会谈结束后，我们几个人在办公室讨论投资组合面临的股价、油价及客户流失风险。美国与世界其他经济体正处于经济复苏中，这对大宗商品市场形成利好。然而，供给侧的情况却不容乐观。

基于上述因素，我提议立刻卖掉哈里伯顿公司的股票，从而留住自然保护区这家大客户，并着重强调了风险的真实指向。自 7 月下旬以来，哈里伯顿公司的股价已从每股 73 美元跌至每股 65 美元左右。然而，我的几位合伙人认为，能源部门所面临的做空压力已到顶点，该公司的股价可能会在未来几周强势反弹。为确定形势，我决定给在石油部门工作的一位朋友打电话，听一下他对石油价格走势的看法，之后再做决定。

我的这位朋友认为，在这波下跌行情中，石油价格不会跌到每桶75美元以下。对于他来说，这个跌幅可能并不大，但与当时的市价相比，这个跌幅已超过20%。

评估决策

仔细考虑了几种备选方案后，我向合伙人们列出了四种可能的结果。我们都知道，自然保护区的投资委员会不愿持有哈里伯顿公司的股票，要求在年底前清仓。因此，继续持有是非常冒险的选择。如果我们继续持有，且哈里伯顿公司的股价下跌，几乎可以肯定我们将失去自然保护区这个客户，并产生一笔高额费用。

如果我们将哈里伯顿公司的股票卖出后，其股价有所上涨，自然保护区的投资委员会根本不会注意到。同样，如果我们继续持有，股价到年底一路涨高，他们也不会在意。哈里伯顿公司的股票在投资组合中所占的比重仅为3%，就算上涨幅度再大，也不会改变投资委员会的想法。如果我们卖掉股票后，股票价格持续走低，这也不是我们的功劳，毕竟最初是由投资委员会要求卖出的。

基于上述因素，我认为最终的选择显而易见：立刻卖出股票。我的合伙人也都同意我的观点。于是，2014年9

月，我们将自然保护区持有的哈里伯顿公司的股票卖出，在持有期内，该公司股价上涨了 72%。

那么，之后又发生了什么呢？西得克萨斯轻质原油的价格持续下跌，到 2015 年年初，已跌至每桶 50 美元以下，哈里伯顿公司的股价也跌至 37 美元的低位。当然，我们早在跌势如此惨烈之前就清空了哈里伯顿公司的所有股票，但我们还是忍不住暗想，如果在为自然保护区执行卖出操作时，把所有客户持有的哈里伯顿公司的股票全部卖掉该有多好。尽管事后来看，油价下跌早有征兆，但多家资深能源公司都被油价崩盘打得措手不及。

在这个案例中，重要的决策并不是预测股价及油价走势，而是正确评估没有听从客户建议，没有及时清空环保差评公司股票而产生的风险。真正的风险在于可能会失去一位重要的客户。时间一分一秒地过去，我们明知客户的意愿，却在纠结专家关于油价的看法。在仔细审视了之前的决策后，我们才认识到，除了卖出哈里伯顿的股票外，我们已没有别的选择。完成卖出操作后，我们通知了自然保护区的投资委员会。他们简单地回复了“好的”，这样的回复比“你们被解雇了”好太多了。然而，如果我们没有正确确定风险范围的话，很可能将是被解雇的结果。

违背指示

无论从什么角度看，我都不是一个冒失的人。我也会在波士顿市区横穿马路，但只在汽车车速很慢或看不到车的情况下；我从不酒后开车，一方面我确实不喜欢喝酒，更重要的是，酒后开车可能会被交警查到，被吊销驾照或引发车祸，我不想冒这个风险；如果有人告诉我他在前一天刚看到了一只大白鲨，我决不会去海边游泳；有两人在我报名参加跳伞课程的机构死亡后，我立即取消了跳伞课程。

波士顿马拉松爆炸事件发生后，波士顿曾一度全城戒严。然而，就在那时，我却决定外出去公司工作。那场可怕的爆炸案发生在2013年4月15日下午，震惊了波士顿内外所有的人。直到现在，想到那场巨大的灾难就令人惊恐，而在当时，参加马拉松比赛的选手却毫无防备。那天下午两点左右，我开车穿过联邦大道，离开公司去参加一场葬礼。联邦大道是波士顿马拉松赛经过的主要道路之一，看到参加比赛的选手，我还微微有些嫉妒。

从小到大，我都住在距波士顿马拉松路线只有几条街的地方。每年马萨诸塞州的爱国者日，我母亲都会带我步行至克利夫兰环形区（Cleveland Circle），看选手们由栗山大道（Chestnut Hill Avenue）跑入灯塔街（Beacon Street），完成马拉松比赛的最后几公里。我自己也曾参加过波士顿马拉松比赛。参加马拉松比赛确实非常兴奋，但跑完全程却并不容易。我的一位朋友跑过 30 多次马拉松，他说："只要你完成比赛，就已经打败那些没有参赛的各路好手了。"

那是 4 月非常美丽的一天。可就在下午的 2 点 49 分，两颗炸弹在几秒钟内相继爆炸，导致 3 人死亡，264 人受伤。当天下午，我参加了一场追思会。人们陆续收到来自亲友的短信，询问是否安好。整个城市陷入慌乱，而凶手尚未归案。

终于，在 4 月 18 日周四傍晚，FBI 的探员理查德·德斯劳雷（Richard DesLauriers）与马萨诸塞州检察官卡曼·奥提兹（Carmen Ortiz）联合召开了新闻发布会，通报他们已经确认了引爆炸弹的嫌疑人的身份。德斯劳雷警官说："爆炸发生时，两名年轻人多次在监控录像内出现，举止神态怪异。"他用平静的声音强调道："嫌疑人很可能携带武器，非常危险。"新闻发布会刚播完，电视台的举报电话就响了起来。

周五早上6点15分，我去健身房上动感单车课程。上完课在更衣室换衣服时，健身房的工作人员跑进来告诉我们，健身房马上要关门，我们必须马上离开。这样的安排与马拉松爆炸案有关。

我来到车里，听车上广播的最新消息：嫌疑人在前一天晚上开枪杀死了MIT的一名校园警察，之后在波士顿西北方向的沃特敦市（Watertown）与警方交火，一名嫌疑人被击毙，另一名仍在逃。沃特敦警方将逐户对嫌疑人进行排查，鉴于事态的紧急性，马萨诸塞州州长德瓦尔·帕特里克（Deval Patrick）要求临近市镇的居民当天不要外出。

尽管已经听到了正式警报，但我还是决定开车去办公室。我的办公室距沃特敦市有5 ~ 6英里（8 ~ 9.6千米）。我觉得自己今天受伤的概率并不比平日高，由于路上车很少，说不定概率还能低一些。同时，由于距沃特敦市较远，我也不认为自己外出将影响警方调查。我开车去公司，只会给自己及他人带来极小的风险。当然，如果所有人都这样想，路上将非常拥堵。但事实并非如此，大多数人都乐于多一天假期。

还有一个重要因素，促使我做出这样的决定。杰里米・戈德史密斯（Jeremy Goldsmith）[㊀]是波士顿最成功的律师之一，也是一位潜在客户，我和杰里米约好在这一天见面会谈，并已经确认。杰里米的办公室与我的办公室只有一条街的距离。直觉告诉我，杰里米今天也会去上班，我不想发邮件告诉杰里米取消会谈。

只要杰里米在波士顿，并且我们进行会谈，我乐观地觉得，我们公司争取到这个客户的可能性就非常大。到达公司后，我给同事们发了邮件，要求他们遵从州长的意愿在家休息，不过还是有几位同事骑车来到公司。我给杰里米发邮件告诉他我已经到办公室了，他回复我说，他也在办公室，正如我预想的那样。

杰里米准时到达见面地点，我们理所当然地谈到了波士顿马拉松爆炸案及后续的情况。他解释说，他认为自己出门不会影响警察搜捕，他觉得在工作日看到空旷的街道很有意思。就在那天，警察终于在沃特敦市一户民居后院的船里逮捕了佐哈尔・察尔纳耶夫（Dzhokhar Tsarnaev），而杰里米也决定同我们合作。如果我重新安排会谈时间，他还会如此决定吗？这当然无从知晓。但是，他很可能和其他投资顾问见面，并与他们确定合作关系。

㊀ 杰里米・戈德史密斯为化名。

在那样的情况下，我决定去办公室将自己置于险境了吗？我认为没有。如果今天面对同样的情景，我还是会做出同样的决定。此外，即使不去办公室，我也绝不可能一整天都待在家里。如果最终我决定去打不擅长的高尔夫球，我才真是会烦得不行。

尽管这个案例与哈里伯顿公司的案例差别很大，但都展示了如何构建“正确估计风险大小”这一原则的分析框架，并将其运用于真实风险比初看之下要大得多的情景中。在情绪化或压力较大的情况下，人们很难把握风险的真正范围。因此，在情况允许时，我们应冷静分析各个备选方案的成本及收益。

有时，风险比乍看之下要小得多。比如波士顿马拉松爆炸案后，我的人身安全并没有面临太大威胁。只有在仔细分析所有的备选方案后，决策格局才能变得清晰。准确确定风险的大小，能够帮助我们评估决策可能带来的连带影响，比如失去或留住一位客户，而这可能与我们日常最关注的投资收益率关系不大。通过理性的风险承担框架来分析问题，我们所面对的各类风险也就更清晰、更易区分了。

第 2 章

正确把握风险时机

选择直面风险的时机也非常重要。如果气象台发布了雷电预警，你肯定不会外出钓鱼。发布新电影的前景总是充满变数。如果你选择在发布最新《星球大战》(*Star Wars*)电影的周末，发布一部低成本的家庭电影，那简直就是在自讨苦吃。如果你所在的街区已经有三户人家在出售房屋了，你最好过段时间再挂牌卖房。太多房子集中出售，会使潜在买家质疑为何这条街上的房主都急于离开。

因此，理性风险承担的四大原则之一便是，正确把握风险时机，评估采取行动的时机对风险大小的影响。

当人、市场、趋势、环境处于变化之中时，我们确定的时机将对即将采取的行动产生正面或负面的影响，时机选择的重要性在此突显。你当然不想在 7 月开一家滑雪用品商店，也不会在 12 月开一家冰激凌店。如果你是一名年轻的政界从业者，你应在总统大选前的一两年设立自己的政治咨询公司，那正是这类公司最抢手的时候，再晚一些就不合适了。时机的选择不仅与商业环境及其他外部影响因素有关，也与自身情况有关。你的个人经历、受过的训练、年龄、态度都会决定你在某一特定时点接受挑战是对还是错。

提出建议

当我们试着在组织内转变角色时，都会面临事业不确定性，我在 2004 年就有过这样的经历。2004 年的一天，我站在德文郡街（Devonshire Street）82 号富达投资（Fidelity）总部电梯内，准备去 5 楼的高管办公室。电梯到达 5 楼后，我走下电梯，在拐角处看到了美丽的日式花园。花园里的植物是富达的董事会主席内德·约翰逊（Ned Johnson）多年前亲自种植的。

我去 5 楼的目的是与罗杰·斯文森（Roger Servison）先生会面。斯文森先生是富达投资级别最高、任职时间最长的高管之一，与约翰逊先生关系密切。罗杰在富达投资算是“异类”，他十分在意自己的仪表，总是系着领结，穿着锃亮的乐福鞋和精致剪裁的衬衫。他说话轻柔、语气平静，这是在股市中浮沉的投资人少有的特质。我此次约见罗杰的目的是劝说他在公司内部新设一个部门，并由我担任部门主管。

在罗杰的办公室里，我先是深呼吸，之后向他阐述了我的提议。我提出，当前富达投资只为客户提供有限的私人投资建议，那么，是否可以让我为前 50 大私人客户担任投资组合管理人？这样，他们就不必再自己做出投资决策，而是由受过训练的、经验丰富的专业人士打理他们的资产。

那时，我只是一名高级基金管理人，要求富达投资为我创设一个我喜欢的岗位，这是十分冒险的尝试，甚至有些愚蠢。但我认为，这个时机是正确的，而且这个岗位既能让我发挥特长，又能帮助公司拓展新的业务领域。我在当时的岗位管理多只股票基金，其中规模最大的一只叫作命运 1 号（Destiny 1 Fund）。1998 年之前，这只基金长期由乔治·范德海登（George Vanderheiden）管理。1998 年，他决定不再继续管理该基金，并选我作为继任者。

在富达投资，每只基金都配有一名基金管理人，对基金的盈亏负全部责任。2004 年，我已经快 50 岁了。在未来 10 年，我不确定自己是否还有足够的精力，来管理 120 亿美元的资产。我想在富达投资创设一条新的产品线，而不是一只新基金。我想在富达投资创立一个投资咨询部门，为我们最富有的个人客户提供咨询服务。如果不这样做，这些客户可能将资产转移至提供该项服务的公司。

罗杰让我详细地解释一下自己的提议。罗杰问道："假设前 50 大客户的平均资产规模为每人 1 亿美元，那么，你将管理 50 亿美元的资产。现在，你管理的资产规模是 50 亿美元的两倍还不止。那么，为何富达会愿意做出这样的调整？"我并没有想到他会问这样一个犀利的问题，原本膨胀的信心已经开始泄气。

虽然我详细阐述了自己的规划，但这并不意味着罗杰・斯文森及富达投资公司一定会认同我的观点。事实上，我并没有站在富达投资的角度来评估自己的职位变动可能造成的影响。或许对于富达投资来说，将我调离当前的岗位是一个错误。在新岗位上，我所管理的资产规模更小，能带来的利润也更少。新的业务部门需要若干年时间发展壮大，而我在客户服务方面也没有太多经验。所以说，富达投资为何要改变当前的大好局面呢？

我起身感谢罗杰耐心听完了我的提议，与他握手后，我便离开了他的办公室。我乘电梯下楼，走出富达总部，来到自己的办公室。这一路上，我意识到，虽然我对自己的想法有满腔热情，但我已经失去了进一步争取的机会。

也是在那时，我开始意识到，或许我需要的不是离开现在的工作岗位，而是离开这家工作了几十年的公司，开始新的尝试。我已经朝这个方向迈出了一步，或许，我应该继续走下去，边走边评估其中的风险和收益。

我审视自己希望做出改变的原因，这其中，合适的时机是最重要的因素。我已经在现在的岗位上奋力工作了 7 年，并开始觉得厌倦。

做出放弃

我知道，选择自己创业意味着放弃很多。当时，我管理着一只大型美国共同基金，拥有令人羡慕的地位。这在整个投资管理界算是最好的工作了。在 2004 年，富达投资是世界上最成功的基金公司之一，所管理的资产超过 1 万亿美元。[1] 与所有富达的投资管理人一样，基金所有的买入卖出决策均由我来制定，并承担相应的后果。无疑，这是一份十分高压的工作。

2004 年，在美国所有的大型全行业型股票基金管理人中，我和詹妮弗·乌瑞格（Jennifer Uhrig）是仅有的两名女性。此外，还有两名女性同事放弃了基金工作，转而在其他领域发展。我所管理的命运 1 号基金是一只大盘基金，此外，还有其他几只基金，通过不同的渠道向不同的市场销售。

1983 年 6 月，我刚从哈佛商学院毕业，就来到了富达投资公司工作。一位投资界的女性朋友劝我不要接受这份工作，她觉得我肯定会被富达百般折磨。但在我看来，这正是我想要的工作：富达员工工作作风硬朗，拥有多学科背景，注重性别多元化。我觉得自己能够胜任这份工作。

从商学院毕业前，我发现自己怀上了双胞胎。与此同时，我收到了一份难得的工作邀请：担任麦哲伦基金（Magellan Fund）的助理管理人。麦哲伦基金由基金界的传奇人物彼得·林奇（Peter Lynch）掌管。一般来说，刚毕业的 MBA 学生会被安排去产业研究组做分析员。虽然我会请一些假，但我有 4 年的投资经验，可以为彼得提供所需的帮助。一直到双胞胎 1 岁之前，我一直为彼得工作。之后，我便开始了行业研究组的工作。

在那之后的若干年时间，我在多个行业研究组担任分析师、部门基金管理人，并最终成为医疗保健行业组的主管。在这期间，我的第三个和第四个孩子出生了。在 30 岁时，我已经是 4 个孩子的母亲了。每日处在高强度的工作生活中，我感觉非常劳累。

作为一名年轻女性，我一直觉得自己将拥有一个漫长、充实的职业生涯，却没有认识到，作为四个孩子的妈妈，我需要对自己事业的进展速度有足够的耐心。与我同龄的同事，或是没有孩子，或是孩子比我少，或是自己的爱人在家全职照看孩子。

有好几位男性同事的提拔速度比我的要快得多，但我并没有抱怨。在这个问题上，争论是否公平并没有意义。我觉得，只要认真做好行业研究工作，证明自己作为分析师的价值，我就会得到应有的认可。1997 年，在入职富达 14 年之后，我终于被任命为全行业股票基金的管理人。

7 年之后的 2004 年，在富达公司，只有 20 ~ 25 人所管理的股票共同基金的规模能与我比肩。我们中的每个人都承受着相当大的压力，努力使自己的基金跑赢标普 500、中盘指数、海外指数等基准。与此同时，我们获取丰厚酬劳。处于行业领先地位的共同基金的利润十分可观，一只资产规模超过100亿美元的基金，其费率为0.75%，一年便可收取7500万美元的管理费。

绝佳岗位

美国企业养老金（401（k）计划）投资市场的爆炸式增长，为富达投资提供了巨大的机遇。富达投资很快便设计出了一系列产品，提供给每一家财富500强公司。

随着股票市场行情走高，可以自主决定退休资产投资方案的20世纪80～90年代的雇员，开始愈加青睐股票基金。富达投资为这些人提供了非常丰富的股票基金产品。股票基金可根据所持股票市值的大小分为大盘、中盘、小盘基金，根据基金的投资理念分为成长型、蓝筹型、平衡型、价值型基金。此外，基金都被冠以寓意着财富、投资智慧、美好未来的名字，如麦哲伦、逆势、命运。

随着大量资金涌入富达基金，大型分散型股票基金的管理者成为行业内的超级巨星。富达开设了一项名为“波士顿马车”（Boston Coach）的汽车服务，专门接送基金经理人往返里根机场。只要我们的基金能够跑赢基准，我们管理的资产规模越来越大，我们每年就会获得股票奖励。华尔街的销售人员争先恐后地邀请基金管理人观看音乐会或体育赛事。

每天都会有 30 ～ 40 名公司管理人员来到我们的办公室，希望能给负责研究本公司股票的分析师留下一个好印象，希望能够打动已经持有或有意向持有本公司股票的基金管理人。上市公司会因为我们增持股票而欢欣鼓舞，就像肥皂生产商获得了优质家政用品认证一样。

为何离开

在与罗杰·斯文森会面的几年前，我就已经注意到，上一代的基金管理人中，大多数已经到达人生拐点。他们开始厌恶每日需承担的工作压力，或者只是希望过闲适一些的生活。到达拐点后，他们会选择从基金界退休。当时，虽然对当前的工作岗位非常满意，但我能预见到，自己五年后也会到达那个拐点。

与罗杰·斯文森会面后，我认为，是时候做出改变了。其中一个重要原因是，我第一次对基金以外的新事物充满兴趣。我仍希望在投资界从事全职工作，却没有认真考虑换一家公司。我认为自己的提议是正确的，但是罗杰不喜欢，那么，为何不在富达之外实现这一想法呢？当然，自己创立新公司将面临重重风险，但是我坚信，做出改变的正确时机已经来到。

做出换工作的决定，一方面，我已经准备好了；另一方面，在工作外，我的负担也轻了很多。那时，我最小的孩子已经 18 岁了，在一年内，我所有的孩子都会去上大学，或进一步发展。虽然幼鸟偶尔也会回到空巢，但我不用再开车载孩子们参加各种活动，帮忙完成学校作业，或花很多额外的时间在厨房准备食物。

此外，还有一个原因是，我已经实现了财务自由。在富达这样一家成功的公司工作 20 多年，富达为我提供了很好的薪资待遇。富达是一家非上市公司，它的大部分股份归约翰逊家族所有，小部分股份由为数不多的基金管理人、分析师及其他专业人士持有。非常幸运的是，我在加入富达后不久，就成了富达的股东。离职时，我所持有的股份将被富达回购，这也将为我带来一笔相当可观的收入。

我知道，无论在富达任职与否，自己都拥有管理资产以及进行投资的知识和能力。在一边全职工作，一边养育四个孩子的 22 年里，我也磨炼出了相当的组织能力。在我创业的过程中，这将非常有用。

选择离职的最后一个原因是，我已经将近 50 岁了。如果我打算辞掉工作去创立一家新公司，这正是迈出这一步的时候。选择创业还有很多问题需要解决，比如我应独自创业还是与别人合伙，我的公司应提供哪些产品和服务，我应该如何挑选员工等，但在考虑这些问题之前，我首先要做的决定是离开。

我坚信，离开富达基金的正确时机已经到来。我已经评估了促使我离开这份梦幻般的高薪工作的所有因素，也做好了创立新公司的准备。接下来，我将开始新的旅程，努力去做一名企业家。在这个过程中，我需要依靠多年的经验以及这期间辛苦磨炼的技能。

第 3 章

依靠知识、技能及经验

在没有登山经验的情况下，没有人会考虑去挑战珠穆朗玛峰。建筑承包商在独立揽活前，通常做过木匠学徒或在建筑业的其他领域有工作经验。新开业的广告公司、律师事务所、零售商店，往往由同领域的其他组织蔓延而来。

因此，理性风险决策的第三个原则是，依靠知识、技能及经验。这意味着多年积累的工作经验，将为创业打下良好的基础。我擅长的专业领域是投资，因此，我的新公司当然是投资公司。我的朋友帕蒂·布莱特（Patty Bright）曾在银行业工作 15 年，之后辞职成为全职妈妈。重返职场后，她与别人合伙创立了一家编织公司。一方面，她的编织手艺十分了得；另一方面，她拥有管理一家公司所需的金融财务知识。尽管她从未在编织或手工艺品领域工作过，但她拥有丰富的相关经验。凭借已有的知识、技能或经验立足，绝对是增加胜算的重要方式。

当然，在很多情况下，我们需要获取新的技能。这时，我们既可以投入时间与精力，使自己掌握新技能，也可以与具备该项技能的人合作，或从别处购买需要的服务。当我与合伙人筹备自己的公司时，我们都不了解合规方面的业务，而这方面的知识对金融服务公司来说非常重要。到新公司开业时，我已经算是这方面的专家了，能够与律师就重要问题进行探讨。我带领公司顺利通过了证监会的多项审查，并成功提交了备案资料。

这么多年来，我见到很多人偏离了自己擅长的方向，最终换来令人沮丧的结果。我们在日常工作、投资、生活中，已经面临很多障碍了，如果对眼前的挑战缺乏了解，只会使处境更加艰难。当然，我们所处的环境一直在变，这也需要我们不断调整行事方式与方法，使其跟得上环境的改变。在这种情况下，我们可以努力将自己的核心知识与技能向不同的方向延伸。

珠宝业变革

日内瓦高端购物区历史悠久的珠宝店，很难让人将其和快速变化的商业环境联系起来。不过，表象往往具有欺骗性。罗伯托·孔蒂（Roberto Conti）[㊀]虽然曾在美国上大学，但他一直都知道，自己毕业后会回到日内瓦，和父亲爱德华多（Eduardo）一起经营家族的珠宝店。这家珠宝店位于日内瓦市中心，店面是18世纪建成的庄园式建筑，既美丽又颇具品位。孔蒂珠宝在这里为全世界的客户提供服务。珠宝业是世界上最古老的行业之一，这个行业的传统是，女人佩戴珠宝，男人购买珠宝，珠宝商则专注于将珠宝卖给周边的有钱人，而不是带着产品去各地展览。然而，这一传统正在发生变化。

孔蒂家族专注于古董珠宝生意，罗伯托戏称其为“二手”珠宝。他们从客户、其他经销商那里，或通过拍卖获得珍贵的署名珠宝。他们也出售当代设计师设计的金手镯及其他饰品。几十年前，罗伯托和他父亲就已经认识到，单是日内瓦步行街上的店铺，并不会带来令他们满意的收入。爱德华多曾经尝试过买卖名画，在收购珠宝时，从卖家那里收购一些高品质油画。但这样的经营模式容易遭遇假画或诈骗，这些他们都经历过。罗伯托并不热衷于经营名画，一是经营名画需要筹集大量资本，二是这个领域他

㊀ 罗伯托·孔蒂、爱德华多、孔蒂珠宝，以及相关名字均为化名。

们并不熟悉。

罗伯托考虑过在欧洲其他城市开设孔蒂珠宝的分店，或是生产自有品牌的珠宝。不过，这都需要大量的成本和努力，且成功率都不高，于是他很快便否定了这两个想法。此外，罗伯托与爱德华多都不想改变现有的生活方式，这其中包括精致的午餐，这是该行业重要的福利之一。他们的店铺在晚上 7 点后很少营业，中午午餐时间停业，不过全年大多数时候，每周营业 6 天。

互联网也在改变着珠宝业的经营模式。买家可以通过互联网搜索全球各地的拍卖行、高端代理及珠宝零售商的消息。瑞士的珠宝卖家很容易就可以联系到纽约的潜在买家，邀请他前往瑞士挑选货品。而在之前，能够优先接触货源的通常是孔蒂珠宝。

对于罗伯托来说，他需要转变经营模式，在当前数字化、信息即时通信的时代，最大限度地发挥他们熟知珍稀珠宝的优势，并专注于意在全球采购的客户。罗伯托认为，如果准备承担更大风险，他们应坚守自己最了解的领域。综合考虑之下，孔蒂珠宝重点发力的方向被确定为：大型、珍稀宝石及高端古董珠宝的估值、采购与售卖。他们有机会独自购买，或与来自欧洲或美国的其他代理商合资购买大件珠宝。孔蒂珠宝将加强宣传，确保珠宝界的同行知道它有充足的资本，且有意投资价值连城的珠宝。充足的资本将它与很多竞争者区分开来。

这种经营模式的难点在于，寻找能够带来丰厚利润的大件珠宝。为大件珠宝投入大额资金主要有两方面风险：一是大额资金将被长期占用，二是它们可能会高估珠宝的价值。然而，如果罗伯托他们能够严格运用自己的知识，避免冲动购买，他们就能够成功将生意扩展。

罗伯托告诉珠宝界的同仁，他们有意参与大件珠宝的购买。业内都知道孔蒂珠宝拥有充足的资本，这将提升它作为合作伙伴的可信程度。

发现与购买

2007 年，孔蒂珠宝在米兰的一位好朋友打来电话，说他这里有一个千载难逢的好机会。珠宝商及其他行业的商人总喜欢用“千载难逢”这样的词语，而这次“千载难逢”的珠宝，是一颗十分稀有的 26 克拉的蓝宝石。

这颗高品质钻石不仅体积惊人，它的颜色更是令其成为罗伯托和爱德华多四处寻找的对象。然而，这颗钻石存在两个潜在问题：第一，它没有美国宝石协会（GIA）这样的权威评级机构的认证；第二，卖家要求买家支付全款后才能移交钻石。在缺乏认证的情况下，买家高价买到的蓝宝石很可能是经化学处理或人工处理过的，也可能会受到 GIA 的差评，或上述两种情况同时发生。这都是非常严重的情形，可能会使他们付出昂贵的代价。

罗伯托与两位潜在合伙人一同来到米兰。见到钻石后，他们认为，眼前的钻石确实是极其珍贵的宝石，是未经处理的天然钻石，而且 GIA 评级应该是“明亮”级。（“vivid” GIA rating）罗伯托与另外两人均拥有丰富的有色宝石知识，他们知道其他的潜在买家会因为缺乏评级而心存顾虑，只会给出非常低的价格或不参与竞拍，而这其中不乏多位业内知名买家。不过，他们也清楚，即便这颗钻石最终被 GIA 评为最高等级，全世界能够拥有如此珍贵钻石的潜在买家也不会太多。

罗伯托与两名合伙人商定了竞拍价格。即便大型宝石市场并不认可这颗钻石，这个价格也不至于让孔蒂珠宝崩盘。他们可能将持有这颗钻石若干年时间，这笔买卖可能要持续数年才能完成。他们的出价远低于每克拉 100 万美元，但已远高于其他买家的出价。其他买家的价格反映了对缺乏认证的担心。罗伯托确信，这颗钻石将为他们带来数倍于成本的收益。

罗伯托及两位合伙人的出价被卖家接受。在米兰庆祝收购成功后，他们中的一人带着钻石前往纽约，准备接受 GIA 的鉴定。等待结果的那段时间十分煎熬。之后，GIA 的鉴定结果终于出炉：这颗蓝宝石被 GIA 评为最高级“明亮”级，它的颜色既不深，也不浅，而是刚刚好的蓝色。罗伯托与他父亲悬着的心终于放下，他们对 GIA 的鉴定结果十分满意。他们丰富的鉴赏钻石的经历，极大地降低了出价过高的风险。

出售钻石

收购完成后，接下来就要准备将钻石出售了。在 2007 年，全球股票市场在高位运行，亿万富翁随处可见。罗伯托的合伙人认为，2007 年结束前，他们就能将钻石卖掉，获得一笔丰厚的利润。这期间，他们拒绝了一个报价，认为这个报价不够高，尽管已经远高于当初他们支付的价格。转眼间，时间来到了 2008 年，他们又拒绝了另一个报价。

这时，罗伯托开始有些着急了。他担心孔蒂珠宝用于购买钻石的资本缺乏流动性，担心他们是否太过贪婪。他不想错过这笔大买卖，不想让公司的资产负债表承受压力。

可是，接下来，他们的运气实在是太差了。全球金融市场崩盘了。在一年多的时间里，没有人对蓝宝石报价。罗伯托快要崩溃了，爱德华多病得很严重。父亲糟糕的健康状况及珠宝店的生意，让罗伯托承受了很大压力。

在 2010 年，罗伯托的一位合伙人接到了一个电话，称某中东国家的一位省长想看一下这颗钻石。罗伯托和其中一位合伙人一起，带着钻石飞至中东，等待被召见。他们的安全得不到任何保证，如果警察或军方逮捕了他们，并要求他们交出钻石，他们也别无选择。而这方面的风险，是在他们竞购钻石时，所没有预想到的。针对这一特殊的客户，罗伯托和他的合伙人做了尽可能细致的尽职调查，参考了所有能找到的中东合同样式，同时又确保这一笔十分私人的交易不引起外界关注。这将是他们一生中最大的一笔生意。

客户非常喜欢这颗蓝钻石，这令他们十分高兴。在一番讨价还价后，罗伯托的合伙人与客户确定了成交价格。交易完成后，罗伯托带着支票和护照回到了日内瓦。这笔买卖为罗伯托带来了丰厚的回报，但过程远比罗伯托设想的漫长和曲折得多。而爱德华多，却永远不会知道交易的结果了。他已于一年前过世，不过临终前，他告诉罗伯托，自己相信他能成功完成这笔交易。

孔蒂珠宝的案例向我们展示了一个历史悠久的家族企业如何凭借多年积累的知识与技能，在珠宝业最高端的交易桌上赢得一席之地，从而完成了经营模式的转型。

我们每个人都拥有长期磨炼的技能和与生俱来的天赋，这些技能和天赋影响了我们的事业及个人生活。在理性风险承担过程中，我们应相信并依靠这些知识。此外，随着环境的变化，我们也应获取新的技能，或与新的伙伴合作，从而实现优势互补。

在这个案例中，孔蒂珠宝承担了非常大的风险，不过潜在收益也十分可观。罗伯托他们的机遇就在当下，他们在珠宝领域拥有深厚的知识。不过，即便分析、策划再好，也需要一点运气的垂青。如果最终的客户并不喜欢这颗钻石，他们还要等好几年时间，等待新的买家出现。还好，幸运之神站在了他们这边。然而，无论是否有好运气，以已有的知识作为风险承担的基础，才是核心的因素。

第 4 章

对承诺和预测永远保持怀疑

看到表格中整齐排列的预期数值，我们总会感到心情愉悦。但是，我们也应认识到，一列列数字并不一定能成为现实。因此，合理风险承担的第四个原则就是对那些容易产生成功假象的预期、承诺，保持怀疑的态度。适度的怀疑，意味着敢于提出问题；意味着在得出结论前，舍得花时间去分析；意味着如果对收到的反馈不满意，便及时退出。

在周六去当地的车行，总能遇到各式大促销活动。我们很容易被促销活动感染，尤其是遇到真正心仪的商品时。在当前的消费者文化中，我们每天都被不计其数的广告包围。虽然很多人已经习惯了广告营销无处不在，也了解了营销影响决策的手段，但要在广告面前保持警觉，还是需要付出一定的努力。我们要避免被情感蒙蔽，在制定决策时，就应退后一步，重新审视决策的合理性。

在很多情况下，向知心朋友或家人讲述潜在收购事宜，可以起到合理性审查的作用。如果一笔买卖实在太过划算，那么对其重新加以审视，往往就能发现问题所在。此外，在审视一个想法时，他人的观点能使难以回答的问题变得明晰。如果一笔买卖确实很划算，那么它就能经得住层层审核；如果价格太高，情感成本过重，估值不合实际，那么适度的怀疑主义就是必要的。

在营收预测中，所有的数据与文字都用同样的字号、同样的背景颜色展现出来。这只会让我们获得虚假的安全感。我们无法通过字体或字号的不同，来区分这些数据的可信度。我一直在想，为何像“利息支出”等提前若干年就可获取的数据，不用更醒目的背景颜色标出。相较之下，“授权软件收入”等数据，就要难预测得多。

缺乏怀疑性，是投资界的大忌。如果轻信别人，你就会赔钱。就是这么简单。要成为成功的股票投资者，你既要有强烈的怀疑精神，又要对所认同的理念无比忠诚。

这些年来，我参加过多次与企业管理层的会谈。有时，“你一定是在开玩笑”的念头在脑中如此强烈，我必须捂住嘴巴，才能不说出声。这样的怀疑精神，在下面的案例中非常有用。

信任

有时，即便是能力很强、很聪明的人，也会陷入极具风险的境地。他们没能看清风险的真正规模，因为无条件的信任而陷入困境。

迪安·亨德森（Dean Henderson）[㊀]就是这样的一个人。他是一名眼科医师。他来自内布拉斯加州的林肯市，后来在东部接受教育，与来自得克萨斯州的美丽女孩琳（Lynne）结婚，婚后育有三个可爱的孩子。他还是一名备受尊重的英国圣公会成员。他唯一做过的冒险的事，是他曾是普林斯顿游泳队的明星跳水运动员。我也是校游泳队的成员，有机会登上十米跳台尝试跳水。但一次腹部落水，我就再也不想尝试了。

在 1971 年，迪安和他在医学院的几个朋友一起开了一家名为“视野健康医疗服务”（Vision Health and Surgical Services）的诊所。他们还招募了其他几位眼科医生，诊所的业务稳步

㊀ 迪安·亨德森为化名。

扩张。他们中的几人极具创业热情，起初，他们的投资项目还与眼科有关，如投资于能够看到病人眼底的检影镜。迪安的投资热情尤其高涨，即便是在与眼科无关的领域。

他们的创业项目之一，是投资于一家抵押贷款公司。这是迪安的一名合伙人的一位朋友介绍的项目，这家公司为信用资质不足，无法申请传统贷款的客户提供贷款服务。它还收购经营状况不佳的广播电台，再转手卖掉。在眼科之外，迪安和他的合伙人都没有相关经验，但他们并没有因此而停止尝试。

到 1991 年大萧条时，抵押贷款公司及电台生意都已破产。尽管损失了上百万美元，但在白内障手术的推动下，眼科诊所的生意非常好。手术已经成为治疗青光眼的常用手段，能够为眼科诊所带来丰厚收益。虽然核心业务开展得非常好，诊所的合伙人也都收入颇丰，但还是有一名合伙人在其他领域发现了投资项目，并极力向迪安推荐。

沦陷

迪安的合伙人推荐的，是一个名为“医疗编码”[㊀]的公

㊀ 此处为化名。

司。这家公司的经营理念非常简单：将医生从填表、医保编码中解放出来。只有当编码手续齐全后，医保机构才会向医疗服务提供商付款。不仅视野健康医疗服务诊所需要这样的系统，一旦成为医疗编码公司的拥有者，就可以在整个医疗产业布局。视野健康医疗服务诊所的多位合伙人都认为这是一个很好的投资项目。

迪安再一次向合伙人让步，同意将公司的资本投资于他完全不了解的领域。在同意这笔数额不小的投资之前，他没有对医疗编码的经营理念提出任何质疑。尽管迪安是视野健康医疗服务诊所的 CEO，并且是诊所最忙碌的手术医生，但他并不在意公司的后勤事务，而是将这一职责交给了其他的团队成员。

人们总是被对他人能力的无条件信任所蒙蔽，随意违背理性风险承担原则，进而让自己陷入极具风险的境地。与所有支付体系一样，医保系统也会遭人滥用，且很多人已经成功得手。医疗编码系统不仅能为医疗诊断检查及治疗项目在美国联邦政府的报销提供便利，而且能够利用医保系统漏洞，通过虚构的检查或手术骗取费用。医保调查员及诊所内部的揭发者将有关情况反馈至各州的总检察长后，检察部门便开始调查此事。

据美国审计总署 1997 年估计，医保欺诈每年使联邦政府至少损失 200 亿美元。[1]FBI、美国司法部及所有执法机关发起了一场名为“20 世纪 90 年代危机”（Crisis of the 1990s）的专项行动，联合起来打击这一猖獗的犯罪行为。在这项行动中，加利福尼亚的一名眼科医生被发现通过不必要的白内障或眼睑手术，或虚构手术，诈骗医保资金 1550 万美元。[2]

琳并不清楚检察机关何时开始调查视野健康医疗服务诊所与医疗编码之间的联系及视野健康医疗服务诊所的账目记录。在调查的最初几个月，迪安并没有告诉琳这些事情。在 20 世纪 90 年代初的那几年，迪安多次在马萨诸塞州总检察长斯考特・汉斯伯格（Scott Harshbarger）及其部下面前做证。

政府指控医疗编码公司为其医生客户虚列医疗服务项目诈骗医保资金提供帮助。视野健康医疗服务诊所既是涉嫌欺诈公司的股东，其自身也被指控存在虚列行为。在迪安看来，这本是一个既能节约成本，又能节省时间的合法软件系统，未曾想却被卷入诈骗漩涡。当初极力推荐医疗编码的那位合伙人早已离开诊所，留迪安一人在听证会上接受各方问责。

最终，没有证据表明视野健康医疗服务诊所故意诈骗美国政府，它被判无罪。不过截至 1994 年，视野健康医疗服务诊所已经为此支付了数百万美元的和解及诉讼费用。这次投资经历给迪安留下了终生都挥之不去的阴影。除工作之外，他变得孤僻、消沉，对政府及所有监管部门无端猜疑。

再次轻信他人

迪安担心，随着 2000 年的到来，一个名为 Y2K 的计算机软件漏洞将使全球银行系统崩溃。千禧年的顺利过渡并没有打消迪安的顾虑。在迪安看来，世界各处都充满了阴谋。2000 年的股市崩盘是为了吞噬私人储蓄；对世贸中心的恐怖袭击是民主，甚至是文明消亡的开始。在迪安的眼中，到处都有风险，他集中起尚未被分散的精力，整日研究如何规避这些风险。

他开始成为经济学家克里斯・马滕森（Chris Martenson）的信徒。马滕森热衷于末日预言。他的网站名为“顶点繁荣”（Peak Prosperity），网站的主题是“变化的世界中关于繁荣的见解”，[3] 但实际宣传的内容是世界正在消解，读者们应做好准备。网站中的文章和图片宣称巨大的灾难即将来临，如“集中发行的货币存在致命缺陷”“海洋酸化：生态灾难”等。网站中还有专题文章，宣称美国与俄罗斯之间即将爆发核战争，如题为“特别报告：现在是时候为战争做准备吗？”[4] 的文章。迪安多次来到马滕森的讲座现场听他讲课，订阅他的通信刊物，并努力为即将到来的世界大战做准备。

当迪安即将迎来退休与 70 岁生日时，他说服琳在新罕布什尔州南部买下了一个占地 500 英亩（约 202 公顷）的农场，希望离城市足够远，以躲避核弹头的打击。这时距“9・11”恐怖袭击事件已经过去了 10 年。迪安和琳参加了关于可持续农场的课程，为退休后的农场生活做准备。迪安打算，等他彻底从视野健康医疗服务诊所退休后，他可以在农场附近的城镇上做兼职眼科医生。

不幸的是，就在他们准备搬出位于马萨诸塞州布鲁克莱恩的住所的几周前，迪安中风了。就在中风前的几天，我还见过他。那时他看起来非常健康，十分兴奋地给我看农场的照片，还向我讲述他和琳学到的农场管理知识。在中风几天后，迪安离开了人世。

怀疑主义的作用

在迪安去世后，琳向我讲述了迪安的情况。迪安的妄想偏执已经到了不可救药的程度，他将退休金账户中的钱全部取出，把购买的保险也全部变现，然后以 1900 美元每盎司的价格，把所有的钱换成了金条。这个价格已经接近历史最高价了。当琳准备卖掉这些黄金时，黄金价格距购买时已经跌了 26%。此外，存放金条的机构还要收取极高的费用。琳还发现，迪安在视野健康医疗服务诊所所持有的股份远低于她的估计值，因为迪安觉得自己有必要为医疗编码事件承担责任，所以他用自己的部分股份向政府支付了和解金。迪安支付的和解金远高于他应承担的份额。为了支付房地产税，琳不得不把新罕布什尔州的农场以低于购买时的价格卖掉。

那么，这一切是怎么造成的呢？迪安太相信那些富有人格魅力的人，对自己产生的必要怀疑不予理会，任由别人的承诺影响自己的判断。他允许诊所将合伙人的资金投资于他基本不了解的项目，最终以惨败收场。而当医保调查彻底结束之后，迪安的自尊心与自信心早已粉碎，他对所有的传统机构都失去了信心。他对周围的世界产生了错误的认识，转而去追随一些小众、离谱的观点。迪安从未告诉琳购买大量黄金的决定，也没有告诉琳自己已经关闭了养老金账户并将寿险资金变现。

在迪安看来，他已经对金融及政府机构失去了所有信心，他这样做是为了不必再和这些机构打交道，从而降低家庭所面临的风险。然而，迪安的做法却极大地提升了他的家庭在其他领域的风险，如黄金价格及新罕布什尔州农场价格的波动带来的风险。他并没有认识到，自己家庭的未来财务状况将面临很大的风险。他需要对周围的环境重新加以审视，却下定决心不再和令他无比失望的“体系”有任何关系。

通过迪安的故事，我们可以看到，风险控制的假象可能会掩盖真正的风险。最终，迪安甚至不敢向他的妻子及家庭成员透露自己的计划，这就是迪安将他们置于巨大风险之中的明确信号。

如果你不敢向你的配偶袒露你将进行的一项重大投资项目，那么你需要再斟酌一下自己的投资决定，并反思为何不愿提起。在迪安的案例中，理性风险承担的几个原则将帮助迪安正确衡量风险的规模，选择合适的风险时机，认真分析是否了解投资项目，也将帮助迪安对别人的承诺和预期存有合理的怀疑。

如果迪安将自己的疑虑向家人倾诉，他或许能避免落入陷阱（如购入大量黄金），这样在金价崩盘时，他就不必承担巨大的压力。不过，是否会有这样的效果我们已无从知晓，因为迪安从未进行过这些合乎逻辑的尝试。

我们知道，那些夺人眼球的报告中描述的，或口才了得的支持者们宣传的预期或展望，会打消我们的疑虑，让人产生虚幻的信心。所以，对于不合常理的言论，永远不要怯于提出质疑。要核实信息的来源，分析当一个人极力说服你时，他会获得什么好处，他是否值得信赖。如果你即将进行的项目需要耗费大量的金钱、精力或时间，那么在项目开始前，你应向知己或家人大体讲一下这个项目，这或许会帮你看清先前你没有意识到的问题。

第二部分

商　业

Even the Odds

第 5 章

跳　　槽

到了 2004 年年中，我已经做好离开富达的准备了。我已经有了一定的积蓄，我的孩子都已长大成人，我也具备了必需的技能。接下来，我要评估成立新公司的其他风险。

我需要回答关于成立新公司的多个关键问题。我是独自创立公司还是和别人合伙？新公司具体提供哪些服务？我们的目标客户是谁？脑海中出现这些问题后，我像解答数学难题一样，对其逐一进行思考。目前，我在一家极好的公司工作，有着一份成功的事业，且收入不菲，一旦新公司有了初步的轮廓，我就会将其与现在的工作做比较。即将进行的这一系列分析，令我有些畏惧，但也使我兴奋不已。

我即将考虑的每一个问题，都需要我认清其中的风险及收益，需要在开始下一个问题之前，认清交错衔接的各环节的每一个方面。当然，每个大问题又会派生出若干个小问题，因此，我需要将注意力集中在风险承担的各个原则上，并以此来评估各个备选项。

要不要单打独斗

第一个问题，即是否独自创立新公司，相对较容易回答。尽管在全国知名的大机构担任基金经理，但我并没有一份愿意追随我至新公司的富豪客户的名单。这样的名单，可能高盛资产管理公司（Goldman Sachs Asset Management）的人会有。此外，我的性别也会成为障碍。或许这只是我的臆想，但多数雇用专业财富管理人的决策由男性制定，我不确定在没有一位业内知名的男性合伙人的情况下，富豪们是否愿意信任凯伦·费尔斯通（Karen Firestone）新设立的资产管理公司。

我给投资界的几位密友打了电话，谨慎地询问他们是否认识准备辞职，并有创业意向的高级专业投资人。在波士顿，我与多个人私下进行了会谈，但只有一个人符合我的条件。他叫大卫·斯卡德（David Scudder），是惠灵顿管理公司（Wellington Management）的前合伙人。很多年前，我在惠灵顿管理公司做暑期实习生时曾见过他。惠灵顿管理公司严格执行合伙人 60 岁退休的规定，因此，大卫 6 年前就已经离开惠灵顿，去往哈佛管理公司（Harvard Management）工作。哈佛管理公司负责管理哈佛大学数额巨大的捐赠资产。我们会面的时候，大卫与惠灵顿之间的非竞争协议已经到期，大卫可以创立自己的投资公司。

在哈佛管理公司的时候，在哈佛律师的帮助下，大卫设计出了一种新的捐赠模式，这种模式是非营利机构历史上极具创新性的突破。哈佛大学的捐赠基金表现非常出色，大卫设计的捐赠模式允许捐赠者与哈佛大学一起投资一项信托，但捐赠者每年要捐赠固定的金额给哈佛大学，或在数年后，将余下的金额捐出。这种模式获得了法律的支持，大量捐赠资金涌入哈佛大学。

互补的闪光点

大卫与我对彼此欣赏有加，我们也有不少共同的朋友。不过，我们的成长背景与关系网络截然不同。大卫颇具政治家风范，受众人喜爱，在哈佛大学拥有深厚根基，是当地多家慈善机构的董事，还是多个主流机构的会员。和我一样，大卫乐于开创新事物。

与大卫截然不同，我来自布莱顿一个贫穷的犹太家庭。布莱顿是波士顿工人阶层的聚集区，在那里，天主教派拥有大片土地。我努力走出布莱顿，极力隐藏自己的波士顿口音，考入哈佛大学与哈佛商学院，并与一位聪明、幽默、善良的哈佛毕业生结婚，我的爱人来自波士顿的上层社会。尽管教育经历及夫家的家族背景出众，但我仍然只是一名来自布莱顿的事业型女性，在商界并无多少资本。此外，我的前半生基本上都在富达度过。

创立新公司的最大风险在于，创始人可能会用完初创资金。大卫和我都拥有充足的资本，如果需要的话，在新公司创立的前几年，我们可以不领薪水。大卫的家族成员很可能会雇用我们，大卫在多家托管机构也拥有强大的关系网。有这些潜在客户做基础，再加上大卫在惠灵顿以及我在富达的积蓄，我们有充足的资本创立新公司。

对于新创立的公司，合伙人之间的关系是否牢固，直接关系到公司在未来的成败。对我来说，我需要考虑的问题是大卫是否会中途退出。我与大卫进行了多次会谈，我发现大卫极具创业激情，也非常负责任。

那么，他真如自己所说的那样，资金实力雄厚吗？我在惠灵顿的朋友证实了大卫的确非常富有。此外，大卫的健康状况如何？尽管大卫比我年长近20岁，他的健康状况非常好。他身高6英尺3英寸（约1.9米），体重身高比非常低。大卫每天两次从车站长距离步行往返，很少有人能跟上他的步伐。

处于初创阶段的企业家在确定是否引入合伙人时，要通盘考虑引入新合伙人的需求，是否有合适人选，以及日后与合伙人在资金及公司发展方向上意见相左的风险。大卫和我商定，每人持有新公司三分之一的股权，剩余三分之一的股权由年轻合伙人持有。我们不想让公司的控制权落入小股东手里，尽管他们都是优秀的初级合伙人。我们有这样的资金实力，于是就这样做了。

这些年来，大卫和我从未有过大的分歧。当大卫告诉我他准备退休，并有意卖出自己的股份时，我们约定，我将购买他的大部分股份，以维持对公司的控制权。这些年来，我见过很多合伙人之间因为职员招募、薪金、新产品发布、资源配置而分道扬镳，幸运的是，与科技公司或生物公司不同，我们并不需要巨额启动资本，也不必依赖风险基金或天使投资人。公司成立之初的几年，在实现收支平衡之前，我们可以利用自有资金维持运转。

大卫和我约定，在公司成立之初，我们各自投入 100 万美元。这并不是一个小数目，不过如果有朝一日，公司能够实现盈利，我们的投资将会得到回报。我们并不想做小本买卖，不过我们也都确信，我们不会再投入更多的资本。即使这 100 万美元全部损失掉，我们也不必改变现有的生活方式。在确定新公司的投资规模时，这是非常重要的考量。

确定合适的产品

接下来要考虑的重大问题是：新公司将提供哪些产品与服务？如何才能避开存在激烈竞争的领域？我们希望由我们管理的资产占客户总资产的比例越高越好。大卫和我都不想创建对冲基金，目前市场上已有众多对冲基金，且在对冲基金领域很难获得成功。

目前，能够成功管理对冲基金超过 15 年的基金经理人，全世界不足 10 位。尽管在很多年前，我参与过卖空操作，但仅限于生物科技领域，且只从事了很短一段时间。大卫与我都没有管理过对冲基金。我们希望在拥有丰富知识与经验的领域开展业务。

大卫与我都希望为客户提供较为丰富的投资产品，而不仅限于股票与债券的投资组合。大卫将我们的投资模式命名为“当代基金模型”(contemporary endowment model)，投资的资产既包括股票、债券、对冲基金这样的高流动性资产，也包括流动性稍差的资产，包括房地产、风险资本及私募股权。具体我们能够胜任哪些领域的投资，取决于公司员工的专业背景。我们打算从美国的股票投资组合做起，这正是我所擅长的领域。

通过广泛投资于多个资产类别，我们可以不必囿于单一的投资策略，从而分散风险，这是我在富达时学到的投资理念。在运作行业基金时，有一只基金总是排在收益榜首位。对于大多数非美国上市的股票资产而言，我们准备聘请国外管理人来管理，毕竟我们的投资经验以国内为主。此外，与传统基金模型相比，我们更注重客户在税务及流动性方面的需求。

在确定了投资理念及可靠的合伙人之后，接下来需考虑的问题显而易见：谁会成为我们的客户呢？开业之初，我们面临无顾客上门的风险。所有的经营理念都要通过客户实现，否则都是空谈。

经大卫和我测算，在新公司开业之初，我们能管理1亿美元左右的资产，这主要来自我们两人的家族及几位至交密友。以管理费1%计，在大卫和我不领取薪水的前提下，这样的资产规模刚刚能够维持新公司的运转。我们预计，在公司成立两年内，我们管理的资产规模将会翻倍。这时，新公司将实现收支平衡，这其中包括大卫和我的薪水。当然，如果市场走势不及预期，客户资产出现损失，或我们没有能够发展新的客户，我们只得以失败告终。一旦失败，我将不得不灰头土脸地回到富达，而大卫也只能退休。不过，我们都不认为新公司会失败。

个人风险

在准备创立新公司时，有哪些个人风险因素需要着重考虑呢？我认为主要有三点：财务情况、长期安全性及声誉。这三点因素的重要性排序因人而异，主要取决于年龄、家庭情况及当前的净资产额。在分析这三点因素时，风险承担的四大原则均适用。

这其中，薪金方面的风险显而易见。在新公司成立的最初几年，我的薪水将大幅减少（甚至零薪水），很可能我的年薪将再也无法达到在富达时的水平。关于这一点，我反复考虑了很久，直到我能接受这种可能性。我之所以成立新公司，为自己创建新平台，并不是为了大赚一笔。我之前确实能够领取很高的薪水，不过在接下来的若干年，如果薪水要大幅缩水，我也能够接受。然而，我并不愿意现有的生活方式受到影响。

1985 年，我第一次有机会购买富达的股票。之后几乎每年，我都可以购买更多的股票。尽管资本支出数额巨大，但我都会同意购买条款。因为一旦拒绝，之后就再也没有购买的机会了。

随着共同基金业的蓬勃发展，以及富达成为行业领军企业，在出色的基金收益、营销团队、客户服务的共同推动下，富达的机构净值呈几何式增长，股东的股票价值也是连连翻倍。公司的每一位员工在离开富达时，必须将股份出售给富达。

作为股东，我知道富达的股价，我可以计算出我所持有的股份的价值。这是数额不小的一笔财富。除了多年积累的富达股份外，我还把剩余的薪金投入股票市场，而我的爱人一直在他的家族企业工作。因此，除非我们决定购买私人飞机，不间断地出入世界各地的五星级宾馆，或投资拍电影，或向非营利组织捐赠全新的大楼，即便我们的新公司以失败告终，我的生活方式也不会受到影响。我经常说，我时刻都在感谢约翰逊先生，感谢他把我带入富达公司。这里并不是说约翰逊先生当年参与了我的面试，或做出了雇用我的决定，而是他确定了富达的经营管理基调，使我有机会走到核心位置。

在考虑离开一家知名公司，转而成立自己的新公司时，很关键的一点是，你要仔细评估自己是否具有承担新公司的费用支出，并在一段时期内只获得有限收入的能力。很多企业家不愿去设想，如果他们创立的画廊、饭店、房地产项目或对冲基金以失败告终，将对他们的日常生活产生怎样的影响。尽管讨厌失败，但我却清楚，即使失败了，我也能够在财务上顺利渡过危机。我当然想赚钱，我们的新公司也不是慈善机构。在我看来，我们的经营策略及经营框架都非常完备，几年后，我们一定能够实现盈利的目标。

在我考虑离职时，我很清楚，离开富达这样的知名金融机构，意味着我将失去这份工作带给我的安全性。我的成年时光基本上都在富达度过。当然，我可能夸大了这份工作的安全性，不过，作为一名工作了 22 年的“老兵”，我认为自己的能力与贡献早已被富达认可。

然而，工作安全性是我最不担心的因素。相较之下，我更担心现在的工作岗位会使我精疲力竭。在我看来，创立新公司最大的风险在于，可能对我的声誉造成损害。在我工作的 20 多年中，富达内外对我的评价是工作勤勉，善于分析和挑选股票，并且颇具专业精神。这么多年来，我在投资界结识了几百位朋友，建立的关系网具有很大的私人价值。

虽然大家听到我要离开富达的消息后，最初可能会有些震惊，或者觉得我有些傻，但我还是希望，大家能够给予我充足的支持。我希望自己能够为女性企业家阵营增添胜绩，尤其是在金融界，女性企业家本就非常少。此外，这是我在富达之外，创立属于自己品牌的机会。对独立自主的渴望，是驱使我创立新公司的主要因素之一。

在新公司的初始构想阶段，我遵从了风险承担的各大原则。大卫是非常理想的合伙人，我们的启动资金能够使新公司以一个合适的规模启动。对于大卫和我来说，创立新公司的时机都刚刚好。我们都具备运转新公司所需的技能，我有信心做好新公司的组织工作。此外，大卫和我都深知这项挑战绝非易事，我们的预测数据只是纸上谈兵，真实情况可能与此相差甚远。我们都十分小心谨慎，但我们都想将这次冒险进行下去，不再犹豫。

我告诉大卫，我已经做好决定了。在经过对未来发展方向的深思熟虑后，无论从专业角度还是个人角度来讲，我都认为是时候离开富达投资了。我认为，我们应该马上开始寻找办公场所，组建团队，并确定递交辞呈的日期。单是说出“辞职”一词都会让我起鸡皮疙瘩，但这并不是出于恐惧。虽然我曾为此纠结不已、整夜难眠，但我终于做出了决定，要冒这个风险。

法务警示

决定离开付出了青春与汗水的公司和岗位，对于创立新公司来说，只是万里长征的第一步。一连数月，大卫和我每天都要做出重要决策，这些决策中都蕴含着风险。

在美国证券交易委员会（SEC）批准我们交易之前的数月，我们便遇到了挑战。我们为新公司聘请了波士顿知名的律师事务所来处理法律事务。所有的投资公司必须设立一系列制度，其中包括一本涵盖了公司核心业务及规程的合规手册。这本手册需详细列出公司提供的服务、公司的交易政策、数据安全系统、隐私保护条款、投资指南及员工职业道德规范。我们请事务所的律师为我们拟定合规手册的草稿。

几周后，律师事务所给我们发来了一份草稿。这份草稿的字体与行间距前后不一，看起来像是之前制作的多份合规手册拼接而成的。大卫和我都知道，这份合规手册中的内容还会在其他材料中用到。此外，这只是我们必须向 SEC 提交的多份重要材料之一，只有这些材料全部都通过审核，SEC 才会将我们注册为合法的投资咨询公司。很快，我们便收到了这份合规手册草稿的账单，金额是惊人的 22 000 美元。

一瞬间，我的呼吸急促起来，我试着联系律师。我脑中全是法务账单上的巨额费用，这个费用我们很难负担得起。在新公司尚未开张时，我们就有可能被迫歇业。我们从未预想过在开始营业前便出现现金短缺的风险。我们的律师给我回了电话，我向他表示，我们对账单金额表示震惊，现在很难支付如此高额的账单。尽管大型机构，甚至是个人都能预见到法律事务账单金额将如抛物线一般上升，但是我的合伙人和我还是太天真了。

为了降低风险，或者控制风险规模，我向我们的律师提出了解决方案：我负责整理编写合规手册，这并不违反任何规定。当我完成之后，律师事务所将负责进一步编辑，但不能再收取任何费用，因为在支付完草稿费用之后，我们已经没有额外费用了。朋友们关于成立新公司危险之处的警告，一遍遍在我脑中回响。我们的律师很不情愿地同意了我的要求。我立即开始联系投资咨询界的朋友，请求他们将其公司的合规手册及道德规范准则借我看一下。经过对监管及金融术语的恶补后，我终于编写出了一本合规手册，律师事务所认为我编写的手册能够通过 SEC 的审核。之后，我又联系了同一批朋友，请他们推荐一家更符合我们要求，收费更合理的小型律师事务所，并与之前的律师解除了合同关系。

我们的新公司叫作奥里斯资产管理公司。在真正筹建新公司时，我们才认识到，哪怕像法律咨询那样难生波澜的领域，都有可能使我们承担过大的风险；可能一张超预算的账单，就能把我们压垮。幸运的是，我们通过自己的能力及常识解决了问题。

决定离开舒适的工作岗位，并创立新公司，需要我们衡量每一个备选方案蕴含的风险，这其中包括财务风险、声誉风险及心理风险。一旦做出了选择，我们便需要制定一个严密的方案。这其中包括新公司的各类财务及非财务事宜，以及一旦新公司的进展偏离预定轨道，我们有哪些应对选择，因为新公司的发展轨迹总是出人意料的。企业家尤其要做好牺牲薪金、时间及舒适生活的准备，只有预先仔细考虑各种可能会面临的风险，才能降低发生意外的可能性。

第 6 章

经营公司

创立新公司，意味着需要面临多重风险与障碍，有些是你能事先预见到的，有些则完全无法预见。如今，我们的新公司已经走入第 10 年，面对公司的突发事件，我早已不会惊慌；相反，我会力求通过每个事件学习与反思，尽管本能反应是沮丧与尖叫。在这里，理性评估风险显得十分有用。

每家初创公司与成熟公司的情况都不尽相同，没有教科书能够列出每家公司将遇到的风险及障碍。挑战总是不时出现，需要我们不断对此加以评估。接下来将要讲述的就是转型中的企业及面临重大考验的企业家的例子。

转型

我和我的合伙人在公司的初创阶段遇到沟沟坎坎，

杰夫·弗劳尔斯（Jeff Flowers）及大卫·弗兰德（David Friend）也都遇到过。他们共同创立了5家科技公司。Storiant是他们最新创立的公司，在Storiant的总部，我听他们讲述了他们的另一家公司——Carbonite的发展故事。

作为计算机工程师，他们对个人客户不对家庭电脑上的重要数据进行备份这一现象很感兴趣。杰夫的妻子与大卫的女儿，都有过硬盘被毁导致所有照片丢失的经历，这驱使杰夫设计了一个新型软件备份系统。以该系统为基础，杰夫和大卫创立了Carbonite公司。这家公司为消费者提供自助式的数据备份存储服务，且价格极低。

杰夫是一个和善、外向的人，有着佐治亚口音，穿着程序员喜欢的牛仔裤及休闲衬衫。他向我解释道："个人客户与企业客户不同，个人客户更喜欢便宜闲适的消费风格，不喜欢急促、昂贵。"大卫喜欢沉思，他从位于波士顿贝克湾的联排别墅慢跑过来，他也认为，在存储照片相册等个人文件时，个人消费者对存储速度的要求并不高。

一项市场调查显示，92%的人不将个人电脑中的数据存储在私人设备之外的地方，也从未购买过外部存储空间。因为在多数人看来，这一过程非常复杂且昂贵。基于这一现状，一家新公司诞生了。大卫告诉我，杰夫设计出了一个新型数据库，与知名数据库提供的标准化存储服务相比，新型数据库的备份速度要慢一些，但便宜得多。

他们也认识到一定会面临的风险。比如，像EMC公司这样的存储界巨头，是否也会大举进入该市场，推出其低价产品，尽管这意味着将对它的高端产品形成冲击。大卫和杰夫知道他们的产品很棒，价格也令人满意，但是，他们也知道客户偏好具有不可预见性，知道在最恰当的时机抓住消费潮流非常重要。杰夫告诉我，这就好像是海浪一波波涌来，他们需要准确把握最大的浪潮出海，否则就会失去机会。

基于上述因素，杰夫和大卫并没有急于做出决定。他们是该领域的专家，凭借自己的计算机技能，设计了一个非常棒的存储解决方案。然而他们不确定当下是不是向客户直销存储服务的最佳时机，因此他们决定采用双重销售渠道，一方面与其他公司联手，另一方面直接向个人消费者营销。这样做能够使新公司的组织策略更具灵活性，能够降低很快被竞争者取代的或不被消费者认可的风险。

现在看来，我觉得我们当初非常幸运，决定将奥里斯客户的资产通过多种模式进行管理，其中包括直接投资于股票，以及配置于外部对冲基金等。起初，我们认为这只是在实践多元化的投资策略，后来才认识到，这样做能够使我们避免在单一的资产门类承担过大风险。

时机是否合适，决定了一次选股经历是能够左右事业的未来走向，还是再也不会被记起。一个好的想法，之所以能被称为"好"，在于刚好能在恰当的时机发挥作用。"即将到来"及"大概两年后"之间的差距，就像肯塔基赛马比赛第一名和第十名之间的差距那样大。

在 2011 年，Carbonite 迎来了关于市场偏好与时机的第一场关键考验。Carbonite 于 2009 年成立，到 2011 年，其资产价值已达 3600 万美元。尽管取得了不错的成绩，但杰夫和大卫也意识到，或许他们需要转变发展方向，主攻业绩增长较快的市场。他们之前的主要营销对象是个人消费者，但小企业客户数量在快速增长，且小企业客户的需求比个人客户更为广泛。

为了控制风险规模，大卫和杰夫想集中精力深耕小企业市场。小企业市场的销量更好，价格更高，客户黏性更强，维护费用更低。然而，多数管理层人员认为这样做是错误的，因为小企业市场无法提供足够多的商机。

大卫和杰夫坚定地认为，小企业需要在数据灾难情景发生后，迅速恢复运营，并且它们更青睐价格较低的备份系统。Carbonite 已经开发出面向商业客户的成熟产品，然而大卫和杰夫却在公司内部遇到了阻力。超半数的管理层人员反对他们开发小企业市场的决定，认为 Carbonite 是一家面向个人消费者的公司，应将个人消费者作为主要服务对象。

作为 Carbonite 的 CEO，大卫坚决执行市场扩张计划。那些反对该计划的员工，或是辞职，或是被解雇。大卫和杰夫认为，公司管理层应团结一心、齐心协力。为了扩张小企业市场，Carbonite 还收购了一家公司，从而获得在小企业领域尚未掌握的几项关键技术，以及更多的客户资源。

在接下来的 9 个月里，大卫和杰夫一直在担心，他们这样做会不会毁掉 Carbonite，然而已无法再回头。还好，小企业市场的营销额逐渐上涨，证明了他们关于转型的决策是正确的。如今，小企业市场已占据 Carbonite 一半的销售额，在 2014 年达到 1.23 亿美元，且增长速度要远快于个人消费者市场。

Carbonite 的领导者正确认识到，如果公司不进入小企业市场将面临的巨大风险，以及如果即刻行动将获得的巨大机遇。他们对坚持己见的团队成员持必要的怀疑态度。如果大卫和杰夫没有意识到潜在的风险，没有果断带领企业转型，或许 Carbonite 无法发展到今天。

时尚推进

当一家公司走向衰亡时，我们经常难以注意到周围环境的快速变化，以及其中积聚的风险。莎拉·坎贝尔（Sara Campbell）是一位极具天赋的企业家，成功经营自己的公司长达 20 余年，直到她两家最大的客户扩张失败，使得莎拉的公司也濒临破产。

与很多喜欢穿黑色衣服，佩戴户外夸张饰品，一年四季保持健美肤色的时尚设计师不同，莎拉·坎贝尔打扮得更像广告公司行政总监或大学教授。她有着清澈的蓝色眼睛、迷人的微笑、齐耳的灰色短发。她喜欢穿色彩鲜亮、剪裁考究的裙子，像学生装一样俏皮，同时又具有时尚气息。莎拉自小就喜欢做衣服，在她上九年级的时候，就能指导邻居家的阿姨及她们的孩子裁剪衣服了。与很多艺术家不同，她还善于数学计算。当她从麻省艺术学院（Massachusetts College of Art）获得硕士学位时，她就知道，总有一天她会自己创业。

从学校毕业后，莎拉先是为柯瑞塔·肯特修女（Sister Corita Kent）工作。柯瑞塔修女是一位著名的艺术家，莎拉将她奉为自己的精神导师与灵感源泉。柯瑞塔修女离开了加州的修道院来到美国东部，通过流行艺术表达对越南战争的不满，并以非主流的方式宣扬和平与爱。她影响力最大的作品是在油气罐上的一幅涂鸦，在波士顿最繁忙的高速公路上就能看到。这幅涂鸦色彩明快，其中隐藏着越南领导人胡志明的肖像。莎拉先是在柯瑞塔修女的画廊工作，之后成了合伙人。后来，她开始自己设计，并最终开始生产自己设计的限量版服装。

1985年，莎拉开始了自己的创业。她搬到波士顿南区的一家沿街房，沿街房所在的社区位于中产阶级的边缘地带。在那里，她创立了莎拉·坎贝尔品牌，亲自设计并生产时装。她所设计的时装既能当通勤装，也可穿去参加午餐聚会。莎拉将自己的设计风格归纳为经典、有型，同时又带有一丝个性、一抹色彩。

由于没有银行愿意给莎拉提供贷款，她只得向自己的母亲借了 25 000 美元。她年轻、有能力、尚未结婚，能够将无限的精力投入工作中。她确信自己在合适的时机开辟了合适的道路。她与芬兰时装公司 Marimekko 的设计总监彼得·维勒（Peter Wheeler）合伙经营，他们二人建立了长期、紧密、高效的合作关系。

多年来，莎拉的公司以批发销售为主，并为 Talbots、诺德斯特龙（Nordstrom）、萝兰爱思（Laura Ashley）等品牌设计和生产限量版服装。在 1992 年，该公司的利润已接近 100 万美元，并在接下来的 10 年继续稳步增长。尽管服装批发的利润较零售要低一些，但到 21 世纪最初的几年，莎拉私人品牌的销售额已经突破 2000 万美元。

在经过近 10 年的增长之后，莎拉的经营环境发生了巨大的变化。2008 年，整个金融世界崩盘，莎拉的大客户也纷纷陷入困境。Talbots 是莎拉当时最大的客户，因过度扩张及管理不善举步维艰；萝兰爱思因经济不景气，消费力下降而面临分崩离析。加上 J. Crew、H&M、Zara 等潮流品牌的兴起，莎拉·坎贝尔的订单量骤降。莎拉对大客户的过度依赖及大客户陷入困境，使莎拉不得不面对巨大的风险。不仅她的销售收入开始下降，她还要维持公司生产，面临产能过剩等问题。

莎拉和彼得清楚，他们必须谋求转型。或许他们已经预见到，在竞争十分激烈的，由潮流品牌引导的服装零售市场，他们的两大客户即将倒闭。Talbots和萝兰爱思都没有捕捉到它们的忠实客户转投别家的信号。面对这样的困境，莎拉反复思考，怎样做才能取得胜算。

首先出现的“救星”是一位颇为成功的投资者。他希望和莎拉合作，将莎拉·坎贝尔打造成下一个炙手可热的零售品牌。这时莎拉急需资金周转，于是便答应与该投资者合作。几个月之后，莎拉·坎贝尔有限公司获得了新资本注入。

据莎拉回忆，他们与新合伙人之间，从一开始就矛盾重重。公司成立多年以来，莎拉和彼得习惯了执掌公司大权，而新合伙人也非常强势。他们在合作条款及各方地位上存在重大分歧，几乎都要闹上法庭了。最终，莎拉和彼得终止了与投资者的合作。幸运的是，前期收到的资本帮助他们在短期渡过了难关，不过他们要尽快还清钱款，并维持公司运营。

莎拉承认，那时她过于天真，没有认真听取律师的意见，她的律师曾建议她谨慎考虑与投资者的合作。莎拉之所以固执己见，主要是由于她急需现金周转。由于急躁，她却忽视了律师的知识与经验。

莎拉公司的财务状况仍然不佳，已经可以考虑申请破产。然而，她和彼得拒绝这个选择。他们从亲友处借到了尽可能多的钱，如果他们一开始就这样做的话，或许能省去很多麻烦。

他们仍然要支付多家代工厂的订单，但他们之前的大客户却不再拿货。面对如此困境，莎拉和彼得做出了一个大胆的决定：新开莎拉·坎贝尔零售门店，门店中只出售莎拉设计的成品服装。这是一个绝望之举，还好收到了成效。

经济衰退使彼得能够以绝佳的价格在美国东海岸多地租到了门店。他们的公司一度濒临破产，后来不但活了下来，而且发展势头强劲。在经历了数年的衰退之后，女性开始愿意在装扮上投入更多金钱，莎拉准确抓住了这一机遇。从马萨诸塞到佛罗里达，她和彼得在美国东岸城市新开了 12 家莎拉·坎贝尔时装店，这些时装店每年销售额达 800 万美元，盈利状况良好。

莎拉·坎贝尔有限公司不再因过度依赖两大客户而承担过大风险。然而，在转型成功后，莎拉和彼得应对零售店的营收预期持谨慎态度。受天气情况、区域经济水平、房租、店员薪水等因素影响，每家零售店的收支情况都有所不同。莎拉和彼得应脚踏实地，将库存保持在合适的水平，并综合考虑各种因素，把每季服装做好。

在审核销售预期时，莎拉和彼得认识到，在依赖少数大客户与依赖自身的主动性及预期这两种风险之间存在此消彼长的关系，他们当然更希望面对后一种风险。莎拉·坎贝尔这一品牌在不断发展壮大，并拥有了忠实的客户群，这反映该公司已经融入了当今的零售文化。

在顽强抵挡住一系列负面事件打击，尤其是两大私人品牌客户破产之后，莎拉正确评估了自己在女装界的地位，依靠自己作为设计师及运营师的能力东山再起。她拒绝申请破产，因为她相信自己的实力，并能够筹得足够的资金践行自己的方案。莎拉最终走出了困境。

莎拉希望，她能将莎拉·坎贝尔有限公司卖给一家大型零售商或私募股权公司。在过去的 10 年，已经有多家此类公司收购了具有发展前景的时装品牌。在熬过了多年的商海沉浮后，莎拉觉得，应为以自己名字命名的时装品牌争取应有的归宿。

拯救生命

亨利·特米尔（Henri Termeer）是生物科技界的奠基人之一。他与沃特尔·吉尔伯特（Walter Gilbert）、菲尔·夏普（Phil Sharp）、加布·施莫格（Gabe Schmergel）、乔治·拉特曼（George Rathmann）、赫布·布瓦耶（Herb Boyer）及鲍伯·斯旺森（Bob Swanson）等人都是生物科技产业的先驱者，该产业于 1976 年起步，到 2015 年，产业规模已超 1000 亿美元。

亨利向我讲述了他在荷兰的早期生活。他在荷兰出生并接受教育，之后一路成为世界第三大生物科技公司——健赞公司（Genzyme）的 CEO。亨利将一些颇有价值的零散资产及无形资产整合起来，并将其发展为生产救命药物的跨国企业。该企业年收入达数十亿美元，并最终以 200 亿美元的价格被收购。

获得 MBA 学位之后，1973 年，亨利来到巴克斯特公司（Baxter Travenol）工作。这是一家位于芝加哥的公司，当时在血浆及血液替换产品领域处于领先地位。后来，他被派往欧洲，并很快升职为德国分公司的负责人，在巴克斯特的欧洲分部，他的职位仅低于加布·施莫格。在海外证明了自己的能力后，亨利又被调回美国总部，并于1979年，出任位于洛杉矶的巴克斯特生物科技分公司的副总裁。那时，生物科技刚刚处于起步阶段。第一批生物科技公司于20世纪70年代中期成立，其中包括百健（Biogen）和Genetics Institute，这两家公司均由亨利在德国工作时的上司加布·施莫格创立。

生物科技以细菌及其他活体细胞的代谢为机理生产药物，生产出的药物是生物制品，而非传统的化学合成物。对于DNA和基因与疾病之间的关系，人们的理解日益加深，生物科技的发展便根植于此。亨利认为生物科技将成为新的前沿领域，他不仅想成为一名参与者，更想成为一名开拓者。

在20世纪80年代初期，风险资本家开始猛攻巴克斯特公司，试图从中挖掘杰出人才，来加入其新成立的创业公司。1983年8月，有风险资本家联系到亨利，并邀请亨利飞往波士顿，与八位科学家进行会谈。这八位科学家均为一家名为健赞的小公司工作，这家公司主要生产基因和酶制品，亨利从来没有听说过这家公司。这很正常，因为这家公司的办公室设在波士顿城区的尼伦街（Kneeland Street）上。这条街夹在唐人街及所谓的“冲突街区”（Combat Zone）中间，“冲突街区”中满是下流酒吧及脱衣舞俱乐部，酒气熏天。

亨利与多位来自麻省理工学院（MIT）的科学家进行了会谈，这几位科学家正在考虑加入健赞的顾问委员会。健赞的创始人之一——亨利·布莱尔（Henry Blair）博士正在研发一种新药，这种药有望治疗一种叫作戈谢病（Gaucher disease）的基因错乱型罕见病。这种病由某种酶缺乏引起，患者会面临多种生长发育障碍，通常无法长至成年。布莱尔的设想是从胎盘中获取患者缺失的酶，并将酶注入患者体内，以期消除戈谢病的症状。亨利与麻省理工的科学家们一起，讨论了这种新药的发展前景。

亨利衡量了离开巴克斯特的高薪工作，加入一家依靠风险投资的创业公司的风险。该公司的新药能够帮助患病的儿童，这一点对亨利很有吸引力。此外，健赞公司位于波士顿，刚好位于洛杉矶与欧洲的中间。亨利的家人都住在欧洲，他的前妻带着他们的儿子搬去了伦敦。还有一点，健赞已经成立运输部门，这说明该公司确实已经开始销售产品了，这将健赞与大部分生物科技创业公司区分开来。

亨利去拜访了加布·施莫格。施莫格曾是亨利的上司，也是亨利的心灵导师，现在一家名为 Genetics Institute 的生物科技创业公司担任 CEO。亨利找到施莫格时，他正在波士顿布莱根妇产医院（Brigham and Women's Hospital）内部一处隐僻的工作室内埋头苦干，看起来既邋遢又沮丧。亨利小心翼翼地问他是否喜欢现在的工作，施莫格说："现在确实非常艰难，但我享受这其中的每一分钟。"说这些话时，他的眼睛里闪着光芒。亨利当时单身、雄心勃勃、意志坚定，并做好了离开巴克斯特的准备。在亨利看来，这是个必然的选择。他给投资人打了电话，告诉他们自己愿意出任健赞公司的 CEO。

亨利深知，依靠一种新药获得成功的概率非常低。亨利计划同时研发多种新药，这样一来，他可以分散健赞在每个项目上承担的风险。除了治疗戈谢病的药物外，亨利也十分重视其他酶制品的研发。1986 年，健赞成为上市公司，共募得 2500 万美元资金，这笔钱在今天看来并不算多。在接下来的三年，健赞十分活跃，兼并了 Integrated Genetics 公司，从而获取了健赞急需的哺乳动物细胞培育技术。此外，健赞还搬进了位于剑桥市肯德尔广场（Kendall

Square）的新总部大楼。而最重要的是，健赞将一种名为西利酶（Ceredase）的新药提交给美国食品药品监管局（FDA）审批，而这正是健赞研发的治疗戈谢病的特效药。

1990年，FDA顾问团就西利酶召开会议。亨利知道，FDA对西利酶是否会传播HIV的担忧，影响了西利酶的审批进程。尽管西利酶的临床效果明显，但由于存在从人体组织感染HIV的隐忧，西利酶可能难以从FDA顾问团获得所需的票数。

亨利认为，他可以通过亲自出席做证，来减轻顾问团成员的疑虑，从而提高西利酶获得通过的概率。亨利曾在巴克斯特这一世界领先的血液及血浆制品公司工作了10年，此外，他对西利酶非常了解。然而，尽管亨利拥有丰富的知识与经验，他仍然面对西利酶无法通过审批的风险。健赞公司在贝塞斯达（Bethesda）集结，亨利亲自做证发言。这样的策略并不常见，并饱受争议。

当时，健赞正面临巨大的风险，所处的时机也非常关键，而且亨利对西利酶的各项数据熟稔于心。最终，CEO亲自向FDA委员会报告的策略获得了成效，顾问团的成员建议FDA通过关于西利酶的审核。

在20世纪90年代，西利酶成为世界上最贵的药物之一，平均每位病人的花费高达35万美元，但西利酶的销量仍呈几何式增长。亨利认为，西利酶的价格应在各国间保持一致，这将为健赞向无法报销的患者发放免费药物提供保障。关于这一点，亨利从未动摇过。数十年来，亨利一直对成本透明、统一定价、帮助贫穷及无保险群体等理念十分拥护。

挣扎

20世纪90年代初期，亨利·特米尔及他的管理团队宣布，计划在北卡罗来纳州建立一个新的制药厂。马萨诸塞州的州长，比尔·维尔德（Bill Weld）请求亨利重新考虑这一决定。维尔德建议亨利在查尔斯河（Charles River）沿岸的黄金地段新建制药厂，以重振马萨诸塞州的制造业发展。维尔德建议的这个位置，每年会有2000万司机开车经过。亨利评估了其中的财务风险，要求政府提供多项有利条件，维尔德答应了亨利的请求。如今，亨利新建的奥尔斯顿（Allston）制药基地，已经成为生物科技产业的地标性建筑。

正如亨利解释的那样，一家制药厂不可能连续研发出新药，不可能在每种新药之间都实现顺畅衔接。2006年，

FDA 及欧洲各国的监管机构均通过了一种叫作 Myozyme 的新药。Myozyme 是治疗庞培氏病的特效药。庞培氏病也是一种由酶缺乏引发的致命性罕见病。值得注意的是，在小规模第三阶段临床实验中，所有实验组的患儿均活了下来，而 98% 的对照组患儿却在一年内死亡。

一时间，世界各国对 Myozyme 的需求巨大，而健赞对此却毫无准备。显然，每个育有庞培氏病患儿的家庭都想尽快获得这种药物。美国和欧洲民选的官员纷纷为选民请愿，甚至有官员将自己"绑在"了西班牙卫生部的大门上。健赞完全没有预想到 Myozyme 的研发会如此令人信服、反响热烈，也没有想到全世界对 Myozyme 的大量需求来得如此之快，Myozyme 的库存及产能都十分有限。

在新药被批准上市前，健赞曾一度推迟了位于马萨诸塞州弗雷明汗（Framingham）的新工厂建设项目。健赞董事会及管理层都认为，在 Myozyme 的前景尚未有定论时便开始建设生产 Myozyme 的新工厂，将会是一个错误的决定，一旦出问题，代价将十分昂贵。考虑到建设和管理一处新药制造基地的费用将超过 3 亿美元，健赞的管理层与董事会做出这样的决定也是可以理解的。

然而，他们的判断却是错误的。健赞面对突如其来的需求毫无办法，无法满足成百上千个孩子对 Myozyme 的需求。正如亨利所说，当欧共体的领导人一次次给他打电话，指责健赞置垂死的病人于不顾时，他无法以“药品将在两年后生产出来”搪塞。

健赞召开了一次紧急董事会，决定将奥尔斯顿工厂的两个反应装置用于新药的生产，而在此之前，这两个反应装置一直用于生产戈谢病的治疗药物。药物类型的转换有上千个细节需要注意，但健赞只想赶快完成这个过程。事后想来，健赞显然违反了依靠知识、能力及经验的原则，此外，健赞所处的生物科技制药这一领域十分精密与复杂。职员们需要让出办公室，搬进过道，过道中摆满了桌椅及盒子。为了满足病人的需求，健赞不顾一切。

2009 年年中，FDA 检查员来到健赞。当时亨利正在缅因州的家中，他接到了所有生物制药企业负责人最不愿接到的电话。一种病毒杀死了中国仓鼠卵巢细胞，而这种细胞通常被用作生物科技制品的寄主。这是一起黑天鹅事件，健赞对此完全没有准备。[1] 他们必须立刻关闭奥尔斯顿制药厂。在接下来的三四个月里，70 家供货商参与了奥尔斯顿制药厂所有部门的分解、分析与重建。在这期间，健赞的股价下跌幅度超过 40%，媒体也大肆宣扬健赞即将倒闭。

亨利说，这是他人生中最痛苦的一段时期。他奔波于世界各地，不断安抚病人及他们的家属，告诉他们健赞会很快重启新药的生产，位于比利时及弗雷明汗的工厂即将投入使用。

如今，亨利承认，没有建设新工厂的风险，要大于尚不需要工厂时就建设新工厂的风险。尽管在 2006 年，Myozyme 的最终临床结果尚无定论，但前期的实验结果已经释放出强烈的信号——该药最终一定会有很好的疗效。提前储备产能将避免奥尔斯顿工厂的关闭及之后的一系列损失。

这一系列事件发生之后，健赞股价大跌，资本市场的收购者开始虎视眈眈。首先，卡尔·依坎（Carl Icahn）趁健赞元气大伤之时发起了代理攻击，亨利接受了依坎提出的条件，让出两个董事会席位，成功避开了这一波攻击。到 2010 年，新工厂投入使用，奥尔斯顿工厂也重新开工。亨利终于放松下来，但他放松得有点早了。

克里斯·魏巴赫（Chris Viehbacher）是大型法国制药公司赛诺菲（Sanofi）的 CEO。他忽然冒出来，提出愿意“帮助”健赞避开恶意收购。亨利礼貌地拒绝了他的提议。健赞尚处于恢复期，给它一点时间，它就能恢复往日的雄风。

然而，留给亨利的时间却不多了。健赞的股价曾在2008年8月处在每股80美元的高位，与那时相比，健赞的股价已经跌了40%，维持在每股50美元以下。一旦一家上市公司变得脆弱，在买家的股价较高及借贷成本较低时，除了主动发起并购外，很难找到保持独立性的其他有效方法。

然而，亨利并没有找到合适的收购对象。这时，赛诺菲又提出了并购请求，不过遭到了健赞董事会的拒绝。亨利用了将近30年的时间，将健赞打造成行业的领导者。在正常情况下，健赞多种产品的销售额超过40亿美元，利润达4亿多美元，并且今后还将会有更多新药问世，亨利希望公司保持独立经营。然而，魏巴赫与赛诺菲的态度十分坚决，不断提高收购报价。最终，在2011年4月，健赞以每股74美元的价格同意了赛诺菲的收购请求，总金额达200亿美元。

成为赛诺菲的子公司之后，健赞发展迅速，并为赛诺菲打开了生物科技领域的大门。然而，对于亨利·特米尔来说，这样的结局却苦甜参半。尽管离开健赞时，他获得了一笔不小的财富，但他确信健赞的股票还有2 ~ 3倍的升值空间，至少能够达到生物科技板块的平均水平。

健赞的案例从正反两个方面体现了理性风险承担的各大原则。健赞等待了太长时间才决定建设新工厂，没有准确把握建设新工厂的最佳时机；在生产细节及生产流程完全明确之前，便急于推进新药的生产。健赞也为此付出了丧失独立经营权的惨重代价。

离开健赞后，亨利·特米尔又创立并投资了多家医疗公司，并在多家大企业及非营利性机构的董事会任职。然而，他一直无法释怀，如果当时能够更好地筹划，能够给予他几十年来培育的科研团队更多信心，或许健赞就不会被别人收购。

Carbonite、莎拉·坎贝尔及健赞的案例，凸显了在公司成长及环境改变的过程中，公司及其领导人可能会遇到的挑战。Carbonite 需要面对转战新市场的风险；莎拉·坎贝尔的核心市场几乎完全消失，公司一度在破产的边缘徘徊，却在莎拉以设计师及零售商的身份重新发力之后，以更强的姿态再度崛起；从最初创立公司到公司最终被收购，亨利·特米尔及健赞的案例多次体现了正确衡量风险规模，正确把握风险时机，依赖知识与经验，保持必要的怀疑这四大原则。

第7章

渡过危机

危机可能会为一家公司带来高额利润，使其更加高效，也可能使其陷入困境，或承担大额损失。比如说，一家广告公司报名参加一家个人消费品公司的新市场营销招标，或许最终它不会中标，但这家广告公司想出的口号，可能在其他顾客那里大放异彩。赢得一个大型建筑工程意味着一大笔合同及声名显赫，然而，这仍然存在成本超预期和利润被挤压的风险。即便在风险不明确的情况下，尽管结果可能不尽如人意，我们仍然可以应用风险承担的四大原则。

连锁崩盘

在我的投资生涯中，我经历过多个揪心的时期，每天早上醒来都觉得恶心。我的焦虑源于我无法弥补我所管理的基金或账户出现的亏损，那是一种深刻的无助感。我的客户之所以愿意将他们辛苦挣来的钱交由我管理，是出于对我的信任。我在富达的同事和我将其称为不称职情结（imposter complex），即认为自己毫无资质，只不过假装自己是一名共同基金管理人。市场信心催生牛市，熊市却会将所有专业投资人的信心掏空。

2008 年的全球金融危机，由次贷市场崩盘及贝尔斯登和雷曼兄弟的破产引起。这是我经历的最恐怖的市场事件之一，我希望再也不要经历这样的事件。在经历了数年上涨之后，2007 年 10 月 12 日，标普 500 指数达到 1561 点的顶峰位置，并在之后的 7 个月一路下滑。全球其他金融市场也是同样的走势。

这场金融海啸，使得无数家金融企业破产，并殃及非金融领域。作为投资者及创业者，我和我的公司——奥里斯资产管理公司共同经历了 2007 ~ 2008 年的这场劫难。像多数公司一样，奥里斯也是根据所管理的资产规模来收取手续费的。因此，随着市场崩盘，客户资产规模大幅缩水，我们的收入也应声下跌。尽管我们提前降低了股票占投资组合的份额，但这并不足以使我们全身而退。公司的客户在亏损，公司的收入在下滑，但公司的支出却居高不下。那段时间，每天早上，我甚至都不想打开自己办公室的电脑。

在金融危机前的10年，市场制造了大量的财富，而在风暴中，这些财富又化为乌有。这其中，艾琳·邓普西（Erin Dempsey）与尼克·邓普西[⊖]就失去了大量财富。邓普西夫妇是来自硅谷的企业家，他们拥有一家科技公司。20世纪90年代早期，他们相识于圣母大学（Notre Dame）。当时，他们都喜欢赖在电脑实验室不走，写编码或玩游戏。

后来，邓普西夫妇搬到了湾区（the Bay Area）。在那里，艾琳继续她的信息技术研究生学业，而尼克则创立了一家小型软件咨询公司。硅谷的大型科技公司愈加担心自己公司的机密被国内外的竞争者窃取。最初，有几家科技公司雇用尼克作为安全顾问，后来，尼克凭借自己的技术成立了自己的安全软件公司。艾琳也加入了尼克的公司，这家公司以惊人的速度成长。

在接下来的10年，邓普西夫妇生育了两个孩子。尽管该领域的竞争日趋激烈，但他们的公司仍然保持继续扩张。

⊖ 此处为化名。

后来，艾琳和尼克收到一家跨国公司的主动收购要约，该公司希望扩张自己的网络安全部门。最终，这项并购以1亿美元现金成交。

尼克在新泽西长大，他的父亲在华尔街工作，每天往返于纽约和新泽西之间。当科技泡沫在2000年破裂之后，尼克的父亲失去了在华尔街的工作，并自此离开了金融界。自那之后，邓普西一家对金融机构持怀疑态度，但年轻的邓普西夫妇还是听从了一位好友的建议，将他们的收益（至少大部分收益）交由这位朋友位于旧金山的资产管理公司管理。

在接下来的18个月里，股票指数一路上扬，邓普西夫妇对投资收益也十分满意。然而，突然之间，他们的资产规模开始缩水，整个金融体系也开始崩溃，他们眼睁睁地看着自己的资产越来越少。后来，通过层层关系，在2008年4月，邓普西夫妇联系到我们。那时，他们的资产已经蒸发了将近40%。

信心危机

金融市场的崩塌来得如此迅速，如此具有戏剧性，邓普西夫妇无法相信资产蒸发的速度如此之快。幸运的是，他们在投资组合中配置了大量现金及高等级债券，现金及债券在投资组合中所占的比重超过50%。对于邓普西夫妇来说，将资产从好友的公司撤出确实会产生不好的影响，但他们无法承受按兵不动的风险。

最终，邓普西夫妇决定将资产交由我们公司管理，这将成为公司管理的最大账户之一。考虑到公司最近在股票市场的表现，我们很希望做好这笔交易。当上百万人眼睁睁看着自己的财富消失时，大部分人已不知如何是好，只有很少的人向我们求助。

显然，艾琳和尼克在寻找他们可以信赖的人。尽管拥有多只高风险的对冲基金及股票，他们的资产配置理念还是非常保守，且没有任何负债。他们对股票市场持怀疑态度，尤其是尼克。在为同一家投资银行工作了几十年后，尼克的父亲突然就失去了工作，这对他影响很大。

尼克希望我们立即将他们所有的风险资产变现。这意味着，必须将其投资组合中的大部分资产卖掉。我们向邓普西夫妇解释道："我们将对其持有的股票、对冲基金、非流动性资产逐一进行分析，并尽快做出答复。"最初，我们面临的风险是，如果我们没有向邓普西夫妇表明态度，保证我们将在资产配置过程中充分尊重他们的意见，他们可能不会雇用我们。在这一点上，我们凭借自己与家庭沟通的经验及专业投资技能，获得了邓普西夫妇的肯定。

我们希望获得邓普西夫妇的信任，并希望他们听从我们的建议。然而，如果我们的建议是保留他们希望卖掉的股票，他们或许会对我们失去信心。那么，我们究竟有多大的谏言自由度，而不伤害新建立的友谊？邓普西夫妇希望我们公司提出最优解决方案，但把所有风险资产都卖掉很可能并非最优解决方案，不过我们别无选择。他们刚刚损失了大笔财富，只有我们确保他们不会再失去更多财富，他们才会觉得安心。在此基础上，他们还是希望我们能够在市场见底之后，将他们的资产重新配置。当市场被极端负面情绪包围之时，市场指数一路下跌，几乎所有市场策略师都持悲观态度。金融媒体只会助长悲观情绪，驱使更多人逃离市场，使资产价格进一步受压。然而，极度沮丧之时，正是进场购买之机。邓普西夫妇正处于这一阶段，他们仿佛置身于战场的散兵坑，躲避着随时会落下的手榴弹。

到 2009 年 1 月中旬，与 2007 年 10 月的最高点相比，市场已经下跌了43.8%。普通胃药已经无法治疗市场的消化不良了，这时市场需要更强力的药剂。然而，这也是一个买入良机。我们可以从疮痍满目的股市中挑选出有反弹潜力的股票。不过，我们担心，一旦将邓普西夫妇的投资组合全部变现，我们将很难说服他们再次涉足股市。

我们担心，如果极力劝说邓普西夫妇在投资组合中保留微软、洛克希德·马丁公司、沃尔玛、家得宝等价格极具吸引力且已经见底的股票，在我们与邓普西夫妇之间可能会出现冲突。如果那样做，我们可能会失去他们的信任，进而失去这个大客户。一方面，我们需要运用专业知识做好股票估值；另一方面，我们要维护好与邓普西夫妇之间的关系。我们必须在这两方面之间找到平衡。

最终，我们减少了所保留的股票数量，向邓普西夫妇阐述了我们的方案，并获得了他们的肯定。在2009年1月月底之前，我们变现了邓普西夫妇账户中的绝大部分股票资产，只保留了少数几只我们非常有信心的股票。此外，我们还卖出了他们持有的对冲基金，一是因为尼克害怕其进一步缩水，二是由于我们担心其中几只基金可能无法满足持有人的赎回请求。

在接下来的六周，市场证明尼克“全卖掉”的观点是正确的。与邓普西夫妇在我们公司开户时相比，市场又下跌了 24%。整个美国经济陷入混乱，美国住房市场好似自由落体，全球金融系统的命运岌岌可危。正如蒂姆·盖特纳（Tim Geithner）所说，世界经济正在经历几十年来最严重的危机。[1]经济界的朋友干脆称之为“狗屎风暴”(shitstorm)。

然而，每天早上我还是提醒自己，我们仍然没有放弃，就像在大海中不幸翻船的船员一样，或许今天就是我们获救的日子。终于，在 2009 年 3 月 6 日，标普 500 指数日中触及 666 点的低位，这也成为这次危机的谷底。与 2007 年 10 月 12 日相比，股市指数整整下跌了 57%。

到 2009 年 3 月末，我们认为，加仓的时机终于来到。这意味着投资策略的重大改变。在过去的 6 个月，我们一直处于净卖出状态，每买进 100 美元股票，就卖出 138 美元股票。在我们看来，当时股票估值过高，在很多行业，每股收益很难达到预期水平。

在 2009 年 3 月的第 3 周，我们感觉悬着的心放下了一点。或许这只是因为波士顿的冬天已经过去，天也越来越长。除此之外，美联储采取措施向美国经济中注入美元，金融系统并未完全崩溃，这两点使我们倍感鼓舞。一般来说，金融市场的走势远在基本面之前。我的合伙人和我都认为，局势开始向好的方向发展。我们的客户都签署了协议，授权我们公司自主做出投资决定。然而，鉴于局势的特殊性，在做出买入决策之前，我们与多位客户进行了交谈。作为专业投资者，在我们看来，当前正是采取行动的绝好时机，绝大多数客户同意我们的观点。

与过去几个月净卖出的状态恰恰相反，2009 年 6 月 ~ 2009 年年末，我们每卖出 100 美元的股票，便买入 136 美元的股票。当然，这并不是说，我们坚信市场会反弹，这只是我们的一个判断。在我们看来，多家公司的股价极具吸引力。市场认为这些公司在今后几年都将挣扎于泥潭，但这样的预期过于悲观。里奥·德沃尔斯基（Leo Dworsky）曾在 20 世纪 70 年代管理富达的逆向基金（Contrafund），这是富达历史最悠久、规模最大的基金之一。我从里奥那里学到的投资逻辑之一便是，你应该永远对自己的投资决策感到不安。因为如果你的投资决策既清晰又明确，那么你已经远落在别人后面了，当时的情况便是如此。如果错失良机，在接下来的几个季度，我们都要追逐别人的脚步。如果在标普 500 指数跌幅达 50%，且经济回暖迹象已经闪现时，还不入场抄底，我们干脆转行算了。事后看来，在 2009 年年初选择重新入市的投资公司，其业绩及经营前景都得到了大幅提升。

大卫和我亲自乘飞机与邓普西夫妇会面，向他们解释，现在是将变现的资金重新投资于股市的良机。我们向邓普西夫妇展示了对多只股票的分析，这些股票对应的企业市盈率非常低，资产负债情况良好，流动资金充足，且有能力持续分红。

在大卫和我向邓普西夫妇解释了我们认为股票市场已于 2 月末或 3 月初见底的原因后，他们也认为是时候重新将部分资金投入股市了。最终，我们决定将 20% 的资金，即 1000 万美元投向股票等权益类资产。

赢在策略，输在策略

我们自以为已经遵从了风险承担的各个原则。在我们看来，我们以邓普西夫妇极力避免进一步亏损为前提，正确评估了风险的规模；我们仔细推敲再次入市的时机；我们了解客户的目标。然而，不幸的是，对于最后一点，我们了解得还是不够深入。在与邓普西夫妇进行会谈之后，大卫给他们打了电话，再次确认即将入市的决策。我们希望在采取行动之前，获得客户的充分肯定。事后看来，这是一处败笔。艾琳直到第二天下午才回电话，告诉我们尼克十分焦虑，不愿给出最终的授权。这令我们大吃一惊。尼克担心可能会有恐怖袭击；担心美国财政部的“不良资产救助计划”（TARP）会以失败告终；担心通胀率飞涨，失业率居高不下；担心整个消费经济将走向崩溃。尼克担心的领域几乎涵盖了各个方面，这使我们不得不重新制订投资计划。艾琳说，他们已经损失了太多钱，无法面对可能会损失更多钱的可能性。

那时，我们就知道自己已深陷困境。我们为其他所有客户都购入了股票，唯独邓普西夫妇不愿授权，这将拖累公司的整体业绩。

几周后，尼克终于勉强同意将少量资金投入股市。在不影响双方关系的前提下，我们还是继续劝说他们购买更多股票。我们通过电话、邮件向他们阐述为何应购入更多股票，但尼克总是会问很多问题。这当然是合理的，但也表明了他们的担心。到7月份，他们配置于股市中的资产只有20%而已，我们试着将这一比例提升至25%。在这期间，市场指数不断攀升。

到 9 月末，我们听到了最不愿听到的消息。邓普西夫妇将托管机构由富达换为一家大型银行。这时，我们接管邓普西夫妇的账户还不足 9 个月。这样一来，来自旧金山的信托管理人将监督我们的投资行为。我们猜测，邓普西夫妇应该是同朋友交谈过。朋友问他们的投资收益是否随着熊市结束而反弹，答案显然是没有，但我们能做的实在有限。

由于他们的资产仍以现金及固定收益资产为主，因此其投资收益显著低于其他充分投资于股市的投资组合。尽管数月来，我们一直敦促邓普西夫妇采取激进一些的投资策略，但艾琳和尼克一直不为所动。尊重客户的决定是正确衡量风险规模的关键要素之一，然而在这个案例中，客户的决定却使我们无法执行正确的投资决定。市场指数还在进一步攀升，邓普西夫妇不允许我们投入更多资金，同时又对投资收益有所不满。

10 月份，我们与邓普西夫妇就投资情况进行了会谈。我们指出，目前只有 15% 的资金投入股市，但这部分资产的市值已经上升了 207%！[2] 一方面，我们新购入的股票表现不错；另一方面，最初的投资组合中保留的股票也都涨势喜人。我们对所持有股票的表现十分满意，然而，如果股票所占的比重能够高一些，整个投资组合的表现将更出色。

到10月中旬，我们与门罗银行集团（Monroe Bankcorp）[㊀]进行了会谈。门罗银行集团是邓普西夫妇的投资托管人，监督我们的投资行为。门罗银行集团的团队认为我们在股市中配置的资产过少，并暗示这是我们的决策失误。

我们很可能失去邓普西夫妇客户。显然，门罗银行集团团队希望赢得这个大客户，并将投资表现不佳归咎到我们身上。他们并没有因为邓普西夫妇对市场极度恐惧，便束手束脚。

2010年1月，我们再次来到美国西海岸与邓普西夫妇会面，向他们汇报投资业绩。自2009年以来，他们持有股票的市值已增长了210%，[3]这个数据足以让所有投资人引以为傲。但尽管如此，邓普西夫妇还是告诉我们，他们准备将资产交由门罗银行集团打理。他们列出了多个理由，比如他们还是更信任大型金融机构（尽管他们是从一家大型金融机构转投而来），他们喜欢门罗银行集团更高级的报

㊀ 此处为化名。

告模式及更高的服务水准。

说到服务水准，尽管距离较远，但我们仍然与邓普西夫妇进行了多次面对面会谈。我们与他们的联络频率，在所有客户中是最高的。此外，与门罗银行集团不同，在奥里斯，与邓普西夫妇进行沟通的合伙人也是投资执行人，会亲自参与研究工作并制定投资决策。

虽然艾琳和尼克并没有挑明，但我猜测，他们解雇我们的主要原因是标普 500 指数在 2009 年上涨了 26%，但他们的投资收益只有 5%。他们的投资组合还是以现金和固定收益资产为主，这样的配置注定无法获得高收益。

从一开始，邓普西夫妇就随时可能离开。我不可能在以十分保守的方式保全他们资产的同时，还非常积极地将变现资金重新投入市场。因此，当门罗银行集团的部门副总裁团队出现在邓普西夫妇面前，用各色柱状图及讲演获得他们的好感时，邓普西夫妇离开我们只是时间问题。

在与邓普西夫妇接洽的过程中，我们充分考虑了他们经历的资金损失及心理创伤，与他们进行长时间的会谈及通话，随时提供咨询及支持。最终，在 2008 年年底，邓普西夫妇决定雇用我们。在接下来的 2009 年，邓普西夫妇对我们公司非常重要，在条件允许的范围内，我们竭尽所能为他们提供最好的服务。

对我们来说，邓普西夫妇能够成为我们的客户，就已经是巨大的成功了。在经过可怕的2008年之后，他们的出现，就像是“上帝”的恩赐。我们一度面临2009年收入下滑的风险，直到现在，我依然感激邓普西夫妇，在公司发展的重要节点选择了我们。我们公司从未面临关门的风险，但谁也无法保证，我们的客户会不会因受够了市场的起起伏伏而离开。幸运的是，在整个2009年，离我们而去的只有邓普西夫妇一家。或许，如果我们向他们施加更大压力，进一步向其阐述股市及上市公司的情况，他们会愿意提高权益类资产的配置。不过在2009年上半年，这很难做到。

回顾我们在奥里斯的经历及其他人面对风险的态度，我们更加明确了巨额资金损失及严重心理创伤对风险厌恶情绪的影响。像2008年金融危机的很多受害者一样，邓普西夫妇也表现出创伤后的焦虑，他们的反应表露了其对整个金融咨询部门的抵触与不信任。对于经历过创伤的人来说，安慰与沟通可能会增加与他们亲近的概率，尽管有时，我们竭尽全力也难以达到客户的要求。

第8章

解决难题

Carbonite的创始人杰夫·弗劳尔斯与大卫·弗兰德在开拓小企业市场的过程中，遵从了理性风险承担的各大原则。同样地，莎拉·坎贝尔在新开成衣零售店，由批发向零售转型时，也充分运用了理性风险承担原则。与此相对，健赞推迟新工厂建设项目，莎拉·坎贝尔过于相信Talbots的销售预期，都是违反或忽视理性风险承担原则的例子，从而将多年的筹划毁于一旦。从中我们可以看出，理性风险承担原则适用于各类企业面临的挑战，尽管每家企业的组织架构及所面临的风险都有所不同。

本章将讲述多个因风险所致的两难困境。首先列出多个问题情境，并在之后的部分再次分析这些情境，阐述如果决策制定者能够通过理性风险承担的四大原则准确评估风险，最终结果将有何不同。

难题：乔治·贝尔与 Excite.com 网站

当乔治·贝尔（George Bell）在 1996 年出任门户及搜索引擎网站 Excite.com 的 CEO 时，他是一名野生动物类和户外冒险类电影的制片人，在传统媒体领域具有丰富的经验。尽管乔治是一名哈佛大学毕业的运动员，有着充沛的能量、智慧与热情，但他对即将踏足并在其中担当重任的互联网领域知之甚少。他曾告诉我，他一度认为 Excite 背后的风投公司凯鹏华盈（Kleiner Perkins）是一家律师事务所。

在互联网这个全新领域，乔治·贝尔并不是唯一身居要职的门外汉。互联网的一切都是新的，在该领域，没有人兼具成功所需的科技、策略、营销技能。美国在线（AOL)、雅虎、eBay、Lycos 等新兴互联网企业的管理层，都采取急速扩张的策略以抢占市场。他们四处抢夺互联网人才，敲定合作协议，充实网站内容，提拔有用之才。

对于乔治来说，最大的挑战在于锁定正确的市场，准确估计在互联网市场开疆拓土所需的资本，并脚踏实地。这其中的主要风险在于，大家对互联网的长期发展目标没有任何概念。在这种情况下，或许向互联网创业公司投入再多钱都难以成功。

哈佛的赌注

2004年，哈佛大学校长劳伦斯·萨默斯（Larry Summers）与其财务团队及哈佛集团的决策层，就如何为奥尔斯顿校区的扩建筹集资金进行了会谈。扩建后的新校区将和哈佛的剑桥主校区隔河（查尔斯河）相望。在这次会议上，参会各方达成一致意见：为了给扩建工程筹集资金，哈佛大学将在四年后发行债券，并将债券的利率锁定为当前的4.7%。提前锁定利率可以通过远期互换实现，这其中，需要投资银行将锁定的利率与四年后的实际利率互换。在债券融资中，远期互换并不少见，但23亿美元的金额及四年的持续期还是非常少见的。

媒体对哈佛大学的这一决策进行了深度报道，不过并没有从参会各方的角度展开报道，也没有询问他们对利率下行风险持怎样的态度。而在当时，几乎所有专家都认为利率将走低。当时，我与多位哈佛员工进行了会谈，他们中的大多数选择匿名与我交流。从会谈中我得知，哈佛的决策层中似乎没有人担心利率将下跌，即使有人有这样的担心，也不敢质疑萨默斯校长及其亲信关于远期互换的决定。

可以明确的是，对于金额为 23 亿美元，期限是 30 年的债券来说，如果每年利率能降低 2%，意味着哈佛大学每年可以节省 4600 万美元的利息支出。以债券期限 30 年计算，就是 14 亿美元。不过哈佛大学发行的债券通常附有可提前赎回条款，允许哈佛大学在一个固定期限后，有权将债券提前赎回，并以更低的利率重新发行。因此，债券的实际存续时间可能为 5 年或 10 年。如果以 5 年或 10 年计，这仍可节省一笔数额可观的利息支出，但要比 14 亿美元少得多。

在接下来的几年，如果债券利率并非如哈佛预计的那样一路走高，哈佛应该如何应对呢？不管利率下滑的概率有多低，哈佛管理层都应有所准备。

办公室的毒瘤：斯塔与一名问题员工

没有人会将背负数十亿美元债务的风险，与一家区域性房地产公司的员工画等号。然而，这其中关于预见和应对风险的道理，却是相通的。斯蒂夫 · 斯塔（Steve Starr）㊀在得克萨斯州的奥斯汀拥有一家名为斯塔房地产的公司。斯蒂夫 · 斯塔雇用了伊芙 · 费兰特（Eve Ferrante）㊁作为其公司商业租赁业务的管理人。伊芙的推荐信非常漂亮，看上去在该领域经验丰富。斯塔房地产正处于快速成长期，斯塔很高兴找到了伊芙这个得力助手。

而在接下来的半年里，斯蒂夫的感觉却并非如此。伊芙的电子邮件格式混乱，有时不能按时赴约，撰写报告也十分糊弄。此外，伊芙经常中午长时间外出，与同事之间关系紧张。斯蒂夫的朋友曾向他传授过一个“酒后吐真言”的方法，即如果你想知道一个人的真实想法以及这个人是不是有酗酒倾向，你可以把他约出来一起喝酒。于是，斯蒂夫就约伊芙一起吃午餐。伊芙果然喝了很多酒，并对公司附近一家饭店的服务生大加赞赏。

几天后，斯蒂夫来到伊芙提到的这家饭店，饭店老板科林（Colin）刚好是斯蒂夫的朋友。斯蒂夫问科林伊芙是不是经常来这里吃饭，科林说伊芙在这里非常出名，经常中午就去吧台喝酒，一周内会有好几天在下班后泡在这里。

㊀㊁ 此处为化名。

斯蒂夫对伊芙的工作进行了进一步检查。斯蒂夫发现，伊芙竟忘记发送多份合同及相关材料，危及多笔重要交易。斯蒂夫及时处理了相关问题，他意识到，如果伊芙继续这样漫不经心，自己公司的声誉将受到不可挽回的影响。斯蒂夫就这些问题当面质疑伊芙，然而，伊芙非常强势，并不承认自己的工作出现了失误。伊芙与同事及客户关系紧张、不负责任、不可信赖。斯蒂夫知道，他必须解雇伊芙。

斯蒂夫必须在不对公司造成太大损失的前提下，使伊芙离开公司。基于伊芙先前在公司的言论，斯蒂夫知道，伊芙将以性别歧视为理由起诉公司。斯蒂夫就此咨询了自己的律师，律师也认为应尽快让伊芙离开公司。斯蒂夫不能任由伊芙将公司毁灭。

斯蒂夫面临的风险，一方面是如果继续将伊芙留在公司，她可能将公司毁掉；另一方面，如果将她解雇，她可能会对公司施加报复。斯蒂夫不想面对一场漫长、昂贵的法律诉讼，这必将对他的声誉产生负面影响，并占用资金及时间。他需要就伊芙的问题做出决策。

黑客攻击：网络诈骗

像所有新成立的公司一样，在最初几年，奥里斯面临诸多困难。我们希望能够建立一个能够解决这些困难的模式。这些年来，我的很多朋友、同事都创立了自己的金融服务公司，我可以从他们的成功及失败中获得经验。那时，我还没有归纳出理性风险承担的四大原则。

所有金融服务公司的目标都是管理尽可能多的资产。这样，金融服务公司就可以收取尽可能多的管理费用，不但能够支付各项支出，还能支付创始人的工资。在金融服务领域，最常见的失误是，在公司收入尚未达到一定规模之时，便将大笔资金投入基础设施建设。因为市场下跌或选股失误造成的短期业绩下滑只会影响销售额，然而，固定成本太高，却很可能会使公司永远难以翻身。

在奥里斯成立的前两年，大卫和我已经做好了不领取工资的准备。我们准确计算了可以负担得起的房租及办公室面积。这里要感谢一下我们的房东，为我们提供了非常宽敞、建造考究的办公空间。房东的大租户于三年前离开，整个建筑 75% 的空间闲置，房东当时也是有些着急了。此外，在高价大型律师事务所的事情上栽了跟头之后，我们十分谨慎地确定了最初的团队规模、市场数据提供商、交易及托管平台，以及其他服务提供商。

幸运的是，奥里斯成立之后，我们赶上了全球股市的三年牛市。此外，在此期间，经济基本面也十分强劲，大卫和我都认为，接下来的趋势将对我们十分有利。奥里斯初创合伙人的专长都是管理股票投资组合，对对冲基金等备选投资工具也有所研究。在成立新公司之后，我们认真学习了合规业务，严格遵守各项规定，并在交易、报告、数据安全、客户服务等方面都制定了规章制度。

说到怀疑主义，我认为自己应该以“多疑”命名。在富达时，我见识到伟大的投资者能够预见自己所投资的公司即将推出的令人惊叹的新理念、新产品、新服务。然而，他们对用到模型的所有细节都非常了解。所有看似狂野的猜想，都建立在深刻的调查与分析之上。

在金融业生存并壮大的第二大法宝是，在各方面均提供优质、有竞争力的客户服务。尽管我们在指令处理与执行环节非常谨慎，然而在2011年，我们还是出现了重大失误。我们公司为非常富有的人管理财富，我们的客户经常需要我们代付一些费用。大部分客户都以常规性支出为主，不过，偶尔他们也会有大额支出，如慈善捐赠或购置大额商品。

因此，当公司的客户服务部总监妮可（Nicole）[1]收到来自老客户克里斯蒂安（Christine）[2]的邮件时，她并没有特别在意。克里斯蒂安喜欢在各国旅游，她在邮件中称自己正在远东旅游，她需要一笔资金购买几件大型的亚洲古董。她们通过邮件沟通，克里斯蒂安要求妮可将资金转至一个韩国银行的账户，以方便提取现金。妮可执行了转账交易。

发出转账指令后，妮可很快又收到了一封来自克里斯蒂安的邮件。在邮件中，克里斯蒂安对妮可表示了感谢，并提出又遇到了几件心仪的藏品，需要妮可再转一笔钱。妮可瞬间满身鸡皮疙瘩，意识到自己可能遭遇网络诈骗了。

妮可跑到我的办公室，将整个事件复述了一遍。我检查了妮可收到的所谓“克里斯蒂安”发来的邮件，围绕发件人身份的疑点越来越多。如果认真看邮件的话，就能发现写邮件的人的母语应该不是英语。不过，这些年来，妮可收到过多封来自克里斯蒂安的邮件，要求妮可为她在世

[1][2] 此处为化名。

界各国购置物品。有时克里斯蒂安很着急，邮件写得并不规整，因此，这封邮件中的语法问题没有引起妮可的注意。我们给大卫打了电话，让他马上过来，又给克里斯蒂安打了电话，请她立刻给我们回电话，最后给我们的托管机构富达公司打了电话，询问钱款是否已经转出（当然已经转出），在对方取钱之前能否追回（已经取走），以及他们能否帮我们联系 FBI（可以帮忙联系，但结果怎样还要看运气）。

这时，我们需要马上决定的是，当克里斯蒂安回电话时，我们应如何向她解释。我们当然要告诉她实情，并提醒她马上更改邮箱密码。然而，我们刚刚在网上弄丢了一大笔钱，我们需要处理好这件事情。我需要自己安静地思考一会儿，仔细权衡各种应对措施。我让妮可随时与富达保持联系，我将很快做出决定。

试着解决难题：乔治·贝尔与 Excite.com

对于乔治·贝尔来说，最大的风险在于为 Excite.com 确定未来发展方向。互联网领域正呈爆炸式发展，处处都是蓬勃发展的景象，人们很难判断哪种模式将会成功。乔治在与网站的风险投资人商讨之后，决定将 Excite 做成一个门户及搜索引擎网站。互联网搜索领域的竞争非常激烈，Excite 的竞争者包括 AltaVista、AOL、雅虎、Infoseek、HotBot、Megellan、Lycos、WebCrawler、Ask Jeeves 等。这其中，大部分网站已经不存在了。

正如我们所知，最终在搜索领域胜出的是谷歌。谷歌拥有先进的搜索技术，能够准确、快速地给出搜索结果，这也是谷歌成功的原因所在。然而，在 1999 年，谷歌的创始人谢尔盖·布林（Sergey Brin）及拉里·佩奇（Larry Page）曾找到乔治，希望以 100 万美元的价格将谷歌卖给乔治，但是乔治却拒绝了。对于这个决定，乔治将后悔一辈子。当时，乔治希望为 Excite 培植紧密团结的公司文化，而收购谷歌可能会影响公司文化。

事后看来，Excite 的公司文化可能并没有那么重要。毕竟，发展到今天，谷歌的市值已达 3600 亿美元。然而，在 20 世纪 90 年代末，整个互联网行业的风险都难以衡量。投资人对互联网上市公司无比追捧，无休止地推升它们的股价。在这期间，乔治收购了 Excite 的竞争对手 Magellan 和 WebCrawler，建了新的公司大楼，以容纳扩张后的公司员工。在 1999 年年初，乔治以 70 亿美元的价格接受了 @Home 的收购要约。@Home 是一家高速网络服务提供商，主要合作伙伴为有线电视公司，如美国电话电报公司（AT&T）及康卡斯特（Comcast），@Home可从有线电视公司分得三分之一的订阅费。公司合并后，新董事会邀请乔治出任新公司的CEO，乔治接受了邀请。

与其他数百家互联网创业公司一样，Excite在理性风险承担方面所违反的最重要的原则是缺少怀疑精神。正如乔治·贝尔所说，这个行业中全都是纯粹的乐观主义者，他们想当然地认为广告收入会不断增长，有线电视业务会不断增长，公司规模扩张指日可待。

包括互联网公司高管、共同基金和对冲基金管理人及购买了养老基金的普通美国人在内的几乎所有人，都对互联网行业的未来充满信心。毕竟，互联网公司的股价每天都在上涨，这就是最有力的证据。然而，不幸的是，在之后的几年，事情并没有按照预期的方向发展。

Excite@Home的市值曾一度高达350亿美元，年营业收入为6亿美元，但净利润为负的740万美元。与之形成鲜明对比的是，高露洁（Colgate）、康卡斯特、联合技术公司（United Technologies）等在同一板块交易的上市公司，其销售额已分别飙升至90亿美元、80亿美元、260亿美元，净利润均在10亿～20亿美元。

在这场互联网泡沫中，像Excite这样的互联网公司需要在市场中抢占先机，不断补充人才、业务条线及办公室。然而，它们却并不清楚公司的整体策略是什么。在2000年，大型并购的节奏快到让人窒息。在这场圈地大战中，Excite@Home既是受害者，也是参与者。

为了增强在搜索领域的实力，雅虎选择与谷歌合作，未料，这却成就了谷歌在搜索引擎领域的霸主地位。在互联网行业的每一个细分领域，都有多家公司为统治地位而展开争夺。

最初，Excite@Home是有线电视宽带服务的主要提供商。然而，一项名为“放开准入”（open access）的监管变革却对有线电视行业的经营格局产生了重大影响。美国联邦通讯委员会（FCC）就宽带服务应作为公共产品还是由承包商独家提供进行了听证。尽管“放开准入”并没有被联邦或州写进法律，但这也意味着Excite@Home的定价模式将面临极大挑战，其特许经营权的价值也受到了影响。很快，有线电视公司开始绕过Excite@Home，自己提供宽带服务。

乔治·贝尔需要推出与众不同的产品，然而，有线电视公司的条款越来越强势，乔治也越来越心灰意冷。当时，又赶上科技与互联网股票泡沫破裂，乔治的努力很难收到成效。在2001年4月，乔治决定离开Excite@Home，与家人一起搬回美国东海岸生活。乔治的继任者为帕蒂·哈特（Patti Hart），她在通信领域打拼多年，与AT&T等公司关系密切。然而，Excite@Home的股价还是在两年内由每股128美元的高位跌至每股1美元。在乔治离开公司一年半之后，Excite@Home申请破产。

Excite@Home从未试着在某一细分领域抢占先机。或许它应该像亚马逊、eBay、Yelp、猫途鹰（TripAdvisor）、Priceline及贝宝（PayPal）一样，在市场中锚定自己的位置。然而，Excite年轻的创立者们却选择在多个领域同时发力，希望为网站吸引更多的用户。

不过，即使乔治·贝尔及其团队对预期持怀疑态度，他们也未必能选定一个正确的领域发力并获得成功。回到波士顿之后，乔治曾在两家公司担任CEO，最终这两家公司都以不错的价格被其他公司收购。此外，乔治还加入了风险投资公司General Catalyst，并成为这家公司的合伙人。

互换的结局：哈佛的赌注

哈佛大学计划在 4 年后发行金额达 20 亿美元的债券，并通过互换合约，将债券的利率锁定为 4.72%。哈佛的财务部门密切关注这一互换合约的价值。尽管在 2006 ~ 2007 年，美国债券市场长期利率曾短暂升至 5% 以上，但从 2008 年开始，利率开启下行通道，并在雷曼兄弟、贝尔斯登等金融机构破产之后，猛跌至 2.5%。

通常，借款人希望处于低利率的市场环境，但是，哈佛却将借款成本锁定在 4.7%，而且债券金额特别巨大。此外，哈佛大学还决定将其 80% 的现金资产，即 60 亿美元投入哈佛基金（Harvard endowment）。考虑到哈佛大学需要支付多项大额固定支出，这个决策违反了正确衡量风险规模的原则。到 2008 年年末，哈佛大学高层陷入慌乱。他们决定终止互换协议，以接近 10 亿美元的价格，用几周的时间将互换合约从 J. P. 摩根等几家银行那里买回。那段时期，整个银行业哀声四起。在那个新年假期，这可以说是银行做得最划算的买卖了。

在这里，我并不打算讨论为何哈佛如此草率地做出决定，我要探讨这个案例中体现的理性风险承担原则。并没有人指明到底是谁力推利率互换及现金投资操作，这两项决策共使哈佛大学损失了 18 亿美元。在 2009 年年初，利率互换及现金投资项目均被叫停。

哈佛大学拟发行的互换债券的规模高达 23 亿美元，这比哈佛及任意一所大学以往发行的所有互换债券的规模都要大。我与多位经济学家及基金管理人进行了交流，在他们看来，在利率走势尚存不确定性的情况下，这其中的赌注太大了。如此激进的做法说明哈佛大学过于傲慢，小打小闹还好，大型交易就太危险了。此外，4 年的等待期也显著长于互换协议的平均水平。

哈佛大学当时的校长劳伦斯·萨默斯，是著名的经济学家。他的同事及顾问中，有多位来自哈佛资产管理公司、哈佛商学院及哈佛集团的固定收益投资领域的专家。然而，他们中没有人拥有制订规模如此大、时间如此长的互换协议的经验。作为接受过专业训练的学者及市场参与者，他们应十分清楚，关于债券利率在几年后走势的预测很可能出错。

包括劳伦斯·萨默斯在内的哈佛精英，认为债券价格将下滑，债券利率将上升，此外，哈佛基金的价值也将继续上升。得出这些结论的模型经过了细致的推演，十分复杂，但却得出了错误的结论。他们对这些模型缺少必要的怀疑，也没有认识到金额如此巨大的赌注可能会对学校造成巨大的伤害。

即便是当互换合约的价值骤跌，哈佛大学决定收回合约时，他们也没有选择好恰当的时机。如果晚几个月再执行回购操作，哈佛大学将少付出几百万美元的代价。

重归平静：斯塔与问题员工

尽管斯塔面临风险的规模远小于哈佛大学，但斯蒂夫·斯塔知道，他必须让自己公司的商业租赁管理人伊芙·费兰特离开公司。伊芙不可信赖，嗜酒成性，与同事关系紧张。

斯蒂夫在自己的办公室与伊芙进行了会谈。斯蒂夫只说了一句话，伊芙很快就知道自己被解雇了。她大骂脏话，在办公室乱拿东西，并威胁斯蒂夫他会后悔这个决定的。两周后，斯蒂夫收到了伊芙的律师发来的通知，指控斯塔房地产公司存在多项歧视行为。斯塔立即与公司律师商讨对策。

伊芙要求斯蒂夫向她支付一大笔赔偿金。伊芙的指控根本站不住脚，但斯蒂夫也需要衡量潜在的负面风险。伊芙的律师可能只是临时雇用的，但斯蒂夫的法务支出可能会失控。此外，在今后的几年，公司的声誉也可能受到影响。最重要的是，如果闹上法庭，这个案子将耗费大量的时间和精力，而斯蒂夫根本无法抽出那么多时间和精力。

斯蒂夫需要正确衡量这个事件的风险规模，并确定能够接受的和解金的金额。伊芙已婚，是三个孩子的妈妈。斯蒂夫认为，伊芙并不在意自己酗酒等不良生活习惯被曝光。他确定伊芙没有什么证据，而自己却掌握伊芙出勤记录差，执行力差，工作态度差的证据。

斯塔的律师最终与伊芙达成和解，和解金的金额略高于斯蒂夫的预期，但远低于闹上法庭的费用。伊芙带着和解金离开了公司，斯塔房地产公司的声誉没有受到任何影响，并恢复了往日积极的工作氛围。

语音确认：网络诈骗

我将办公室的门关上，坐在那里，考虑如何向克里斯蒂安讲述这件事情：我们将其账户上的数十万美元转给了一个骗子，而这个骗子很可能远在亚洲。我每隔两分钟看一次时间，把头埋进手里。

我给大卫打了电话，告诉他我们需要用公司自有的储备现金，将克里斯蒂安的账户补齐。大卫也认为这是正确的决定。我们总是在公司账上留有一大笔现金，以备不时之需，而这正是不时之需。如果 FBI 能够帮我们将丢失的资金追回，这笔资金将被划入公司的账户，不过随着时间的推移，我们也清楚，成功追回资金的概率比中彩票的概率还要低。如果我们立即采取措施，还有可能赢回克里斯蒂安的好感。况且，我们也没有理由继续等待。如果克里斯蒂安认为我们实在不称职，并决定从公司注销账户，我们先行赔付，也不会让她对我们有更差的评价。

除了在保费极其高的情况下，没有保险公司愿意赔付诈骗损失。这件事情发生后，我的长期助理斯泰西（Stacy）和我一起研究了保险公司的免责条款，发现即便是诈骗险，也不赔付来自发展中国家及多个亚洲国家的诈骗。

我又给克里斯蒂安打了电话，这次电话接通了。克里斯蒂安听到了我之前的留言。我向她讲述了事情的经过，告诉她我们正在安排全额赔付事宜。我们交谈了一段时间，我感觉克里斯蒂安像我最初听到这个消息时一样震惊。我向克里斯蒂安保证，我们将改进转账流程，防止这样的事情再次发生。她向我表达了感谢，我们结束了通话。至于克里斯蒂安会不会继续将资产交由我们打理，我并不确定。

网络黑客发展迅速，很轻易地就把我们引入陷阱。尽管这会使我们难堪，但我还是决定将这次经历与大家分享。很多公司都曾被网络诈骗所害，其中包括塔吉特公司（Target）、维萨（Visa）、Anthem 等大型公司。此外，美国的多个政府部门也曾是受害者。尽管如此，我们还是要承认，公司在账户支出的确认程序上确实不够严格。

对于客户邮件可能会被黑客攻击这一风险，我们毫无防范意识。自那天起，我们就改进了转账流程，对于金额在 5000 美元及以上的非常规性的现金提取，都需要客户电话告知或语音确认。如今，大部分银行及投资公司都有类似的要求。尽管这会给客户带来一些不便，但能够更好地保障账户资金安全。

我们在各资产门类都设置了防诈骗措施，希望这些措施能够帮助我们抵御下一波网络攻击。我们升级了核准制度及网络安全系统，我们的托管机构也进行了相应的升级。

克里斯蒂安对我们公司快速及时的赔付措施感到满意，还为公司介绍了新客户。面临公司声誉进一步受损的风险，我们把握住了正确的行动时机。对于全额赔付这一决定，我从未感到后悔。关于被诈骗的资金，FBI 只找到一条很模糊的线索。这虽令人失望，但也在意料之中。克里斯蒂安对公司仍抱有坚定的信心，这说明公司在维护客户关系方面，正确地处理了其中的风险。尽管在应对网络诈骗风险方面，我们确实非常失败。

公司及非营利性组织在进行重大决策时，必须要准确评估可能涉及的风险及相应的时间窗口。我们必须尽可能地了解市场及其中的参与者，并对过于悲观或过于乐观的论断保持怀疑态度。要做到这些并不容易，尤其是处于危机之中时。然而，当我们处于危机之中时，却总是不得不做出一些重要的决定。还好，熟练掌握风险分析框架，能够帮助我们更好地应对这些挑战。

第三部分

投　资

Even the Odds

第 9 章

泡　　沫

股票市场是一个绝佳的均衡器。对于我们这些在股市中生活、工作、打拼的人来说，必须对股市有足够的敬畏，否则很难坚持下去。作为一名基金管理人及分析师，我对风险有独到的理解，并发展出了自己的风险要素评估框架。本章中讲述的案例，既有发生在我同事身上的趣事，也有我自己在股市中沉浮的教训。在每个案例中，我都会强调理性风险承担原则在分析市场时所起的作用。

我并不是一个喜欢夸张的人，但 2000 年 2 月初至 3 月末，是我人生中低谷的时刻。21 世纪如约而至，关于从交通信号灯到全球银行体系即将瘫痪的千年虫恐慌（Y2K fears）也很快消散。但那时，我们并未意识到，来自另一领域的崩塌正在迫近。而引发崩塌的原因，则是市场参与者全然无视理性风险承担原则。1999 年由互联网企业引领的牛市延续到了 2000 年年初，在这个关口，我们中的大多数人开始由兴奋转为迷茫。

然而，即便我们认识到股市中科技泡沫的疯狂，我们还是会为自己参与、推动了人生中可能最大的一次牛市而有一丝欣喜。在 1999 年全年及 2000 年年初，多只股票的日涨幅达 10%，并以此为常态。投资者迅速将大笔资金投入富达的基金，作为基金管理人，我们负责这些资金的运转。然而，投资金额越大，市场趋势逆转时，投资者所处的位置就越脆弱。

2000 年，随着我所管理基金的投资收益超过基准，我掌管的基金规模超过 100 亿美元。然而，工作并不是生活的全部。我的母亲多年来罹患神经系统疾病，她的症状非常像肌萎缩侧索硬化症（Lou Gehrig's disease），但最终却被确诊为骇人的多系统萎缩（MSA）。我争取每天下班后都去探望母亲，因此无法按时回家陪 4 个十几岁的孩子。

也是在那时，我的婆婆被诊断为十分严重的淋巴癌。到 2000 年 2 月初，她的情况已经很危急了。我们多次来到马萨诸塞州综合医院探望我婆婆。在探病期间，我向我的公公讲起雅虎、博通公司（Broadcom)、美国在线等公司股票的疯涨。科技及生物板块股票的走势好似脱离地心引力，股价高到令人难以置信，但我却不敢将它们卖掉，因为卖掉可能意味着我的投资收益无法打败市场基准或竞争对手。相较于估值过高，没有持有这些股票的风险可能更大。

不顾常理

万物皆有自己的价值，然而，作为投资者，却有很多人在前所未有的科技大牛市中，失去了理智。我们不仅在投资组合中过度配置互联网股票，而且没有遵从多年专业训练中学到的权益投资价值定律。在这场改变世界的数字化革命中，我们热切希望能够成为其中的参与者。然而，我们没有认真衡量参与其中应担负的责任，也没有仔细计算这些科技公司需要多久才能赚得足够的利润，来支撑如此高的股价。尤其不可原谅的是，我们盲目相信了企业及分析师的乐观预期。

1999 年，在标普 500 指数中，科技板块的市值所占的比重近 30%，但其利润占比仅为 15%。由于股价反映了市场对公司未来发展的预期，因此如果在未来十多年，科技板块的收入占比能够翻番，那么科技公司股票的高溢价就是合理的；如果在 2015 年，标普 500 指数中科技板块的收入占比能够达到 30%，那么投资者在 1999 年压下的赌注就是合理的。

然而，在 2015 年，科技板块的收入占比仅为 20% 左右，远不及 15 年前市场估计的 30%。尽管苹果、谷歌、Facebook 等公司取得了巨大的成功，但在经历了 2000 年的崩盘之后，投资者仍然非常警觉。

雅虎公司曾是互联网行业最初的宠儿之一。雅虎曾一度被美国人所熟知，而如今在千禧一代眼中，雅虎只是梦幻足球游戏的开发商及二流搜索引擎而已。仅在 1999 年，雅虎的股价就飙升了 265%，在纳斯达克 100 指数中排名第 20。

在雅虎刚创立的那几年，我与它的管理层有过多次会面。最初是雅虎的 CEO 蒂姆 · 库格尔（Tim Koogle），他曾在雅虎 IPO 路演的时候到访过富达总部办公室。我们那时非常喜欢雅虎这家公司，对于雅虎由网址导航到集搜索、资讯、通信、商务为一身的全能型网站的转型也非常支持。

包括富达投资、加州养老基金在内的大多数机构投资者、对冲基金、散户投资者对雅虎天花乱坠的宣传非常买账，一再追加对雅虎的持股份额。雅虎的股价从1998年年初的每股33美元，一路升至2000年年初的每股175美元。

到2000年年初，雅虎的市值已超过700亿美元，年收入在10亿美元左右，而利润只有7100万美元。也就是说，雅虎的市值是其收入的70倍，是其利润的近1000倍。即便是在各方对互联网寄予厚望的时代，这样的比率还是过高。

显然，雅虎及其他互联网宠儿的股票在以非常高的价格交易，而支撑高股价的力量，则是市场认为这些公司终将获得与高股价相称的高收益。尽管在2000年1月，Warburg Dillon Read投资公司对每股353美元的股价给出了买入评级，但它自己的分析师都不相信如此高的数字。[1]这些分析师将雅虎2005年42亿美元的预期销售收入及13亿美元的预期盈利进行贴现折算，并假设市盈率为100，市销率为25，由此计算出的每股估值也只有155美元左右，与当时的市价相比低56%！ 10年之后，雅虎的年收入也只是略微超过其2005年的预期值。而据坎托·菲茨杰拉德（Cantor Fitzgerald）2015年5月20日的一份行业研究报告，雅虎2015年的预期净收入仅为3.64亿美元，较之前13亿美元的预期调低了72%。[2]

雅虎需要使净收入连续多年以100%的速度成长，才能支撑起其在2000年年初的股价。然而，2000 ~ 2015年，雅虎的年盈利增长率只有13%，远低于三位数的水平。一家公司能够在15年的时间里以13%的速度增长，已经很不容易了。但这样的数据，还是无法支撑300倍的市盈率，而这也预示了雅虎股价的疯涨即将停止或被逆转。

瑞信（Credit Suisse）的一份报告认为，雅虎的股价仍然极具吸引力。瑞信认为："相较于美国在线、eBay、Lycos及CNET，雅虎的经营领域更宽广，再加上经济环境十分有利，因此雅虎的溢价趋势更为陡峭。"[3]现在看来，这样的说辞真是可笑，溢价再陡峭，难道能比珠穆朗玛峰更陡峭？那时的自己太过天真，没有坚持住原则，也没有认识到这些言论不合常理。

2000年2月18日，我的婆婆安妮塔·费尔斯通（Anita Firestone）与世长辞。巧合的是，我母亲的名字也是安妮塔，而且与我婆婆同一天生日。我母亲当时73岁，比我婆婆年轻一些。我的母亲因为好友的离去而悲伤不已，认为自己才是该离开的那一个。3月1日，我接到我母亲的看护员米丽娅姆（Miriam）打来的电话，她告诉我母亲突然发病，这时在救护车上，正赶往波士顿圣伊丽莎白医院（St. Elizateth's Hospital）。听到这一消息后，我马上离开了办公室。

那一天，市场依然涨势喜人。3月1日，成长型的纳斯达克100指数的收盘点位为4784点，较3个月前上涨了43%。出租车在医院大门停下后，我给自己在富达的交易员鲍勃·德金（Bob Durkin）打了电话。我对鲍勃说，如果我有足够的胆量，我想要开始大量出售我持有的科技、生物技术及互联网公司的股票。鲍勃大惊道："你到底想干什么？"我回答说："算了吧，我现在实在无法做出关于股票的任何决定。"

圣伊丽莎白医院里面没有手机信号，于是我挂断了电话，走进医院的旋转门。自那天起，我一直在后悔自己没有果断作为。这是我在投资生涯中做出的最错误的决定。在2000年3月2日，我的母亲也去世了，距我婆婆去世不到两周的时间。我没有及时将基金中最贵的股票卖出，我不会因自己处于艰难时期而为此开脱，但每当我想起这场疯狂的市场泡沫时，我还是会想到这糟糕的一天。

自从雅虎引入谷歌为其搜索引擎助力后，它便失去了在互联网导航领域争霸的机会。雅虎从来没有在互联网行业的几大盈利领域站稳脚跟，比如，亚马逊专攻图书及百货销售，eBay专攻拍卖，Priceline专攻旅行服务，Ticketmaster专攻演出票市场。尽管这些年来，消费者非常喜欢去雅虎浏览财经及体育新闻，但这并不是付费服务，而网站的广告收入远未达到长期预期。

雅虎的股价也是如此。到了2015年中期，雅虎的市值为385亿美元，预期销售收入为43亿美元，预期盈利为3.23亿美元。据雅虎2014年公司年报，雅虎持有的中国电商巨头阿里巴巴的股票市值达400亿美元，也就是说，雅虎其他部分的净资产额为负值。

在雅虎创立后最初的3年，持有雅虎的股票是正确的选择。正如富达最优秀的基金管理人乔治·范德海登所说的那样，趋势一般比预想的更为长久。1997 ~ 1999年，持有互联网股票是提升业绩竞争力的关键。然而，随着泡沫逐渐膨胀，互联网板块的市值在股市中所占比重过高，分析师们开始兜售“眼球效应”等荒诞、不合逻辑的概念。我们那时就该意识到，这场盛宴即将收场了。到股市真正崩盘之时，发出的声响振聋发聩。雅虎的股价如自由落体一般，“9.11”事件之后跌至每股不足 5 美元。

黎明之光

一连几个月，我的脑海中还是会经常回放与鲍勃·德金的那通电话，当时我即将做出重大而又大胆的决定，却最终没有下定决心。我没有遵守理性风险承担的两大原则：相信自己的知识及保持必要的怀疑。

如果我无法说服自己那些预期收入及盈利数据是可靠的，如果我无法认同极力兜售那些股票的华尔街公司的观点，我就该离场。但我没有相信自己的经验及知识，也没有保持应有的怀疑，而是持有了过多的泡沫资产。

幸运的是，在股价跌至底部之前，我的理智及时介入。我卖出的时机还不算太晚，多少保住了一些颜面，但比理想的卖出时点还是晚了太多。每当投资组合表现不佳时，我总是责怪自己，而不是像很多同行一样，责怪上市公司的管理层没有经营好公司。毕竟在美国在线、捷迪讯光电（JDS Uniphase）、Siebold、BEA Systems、人类基因组科学公司（Human Genome Sciences）、千禧制药（Millennium Pharmaceuticals）等公司中，又没有人逼迫我在股价下跌时持有它们的股票。

如果要我定义自己的交易风格，我认为自己是早买早卖型。然而，如果在 1998 ~ 1999 年提前将互联网股票卖掉，那肯定就输定了。在早年间，作为富达的首位有线电视及手机行业的分析师，我也见证过该板块股票的猛涨，明白为何公司在亏损几百万美元的情况下，其股价仍然能够飙升。有线电视及移动通信公司在结束多年的大额项目投资之后，像开启了印钞机一样日进斗金。对于投资者来说，多年的耐心等待终于有了回报。

或许，互联网企业能够沿着康卡斯特或蜂窝通信（Cellular Communications）等公司的道路发展。但我深知，互联网企业与这些公司之间存在本质不同。有线电视及移动通信公司每月都会从客户那里收取一定的费用，且其客户数量在不断增长。而对于 20 世纪 90 年代末备受瞩目的互联网及生物科技公司来说，在未来的很多年，它们都没有很好的提升收入或盈利的机会。

我不仅没有发挥自己的分析特长，轻易相信了十分极端的营收预期，我还陷入了胆小鬼博弈（game of chicken）的陷阱中，即如果我在竞争对手之前将高价股卖掉，而股票价格继续疯涨，我将失去战胜竞争对手的机会。当时我觉得自己能够在大楼即将倾覆之时迅速逃生，现在看来，这样的想法十分可笑。

精明退出

在持有溢价过高的股票方面，詹妮弗·乌瑞格比我还要警觉。詹妮弗是我认识的最有才华的共同基金管理人之一，她很快从富达的分析师中脱颖而出，成为富达首位中盘基金管理人。而设立中盘基金，很大程度上就是詹妮弗的想法。詹妮弗从来都不是一个害羞的人，她能够十分清晰地表达自己的观点，还有几分自嘲的幽默。富达董事长的女儿艾比·约翰逊（Abby Johnson）负责将基金分配给基金管理人。在 1997 年年初，她将规模达 100 亿美元的 VIP 成长型基金（VIP Growth Fund）及 Advisor 权益成长型基金（Advisor Equity Growth Fund）交由詹妮弗管理。

你也许注意到了，我并没有说詹妮弗是投资界最有才华的女性，因为这样说无法准确反映她的实力。不过，在所有女性投资人中，詹妮弗确实保持着独自掌管规模最大的共同基金资产的记录。

所有个人及机构客户所持有的基金或投资组合，都有相应的市场组合作为参照。作为基金管理人，我们热衷于击败基金的参照基准及同门类的竞争对手。如果你愿意为他们保密，几乎所有的基金管理人都会承认，相较于市场涨 3% 的时候，他们的基金只涨 1%，他们更希望看到在市场跌 3% 的时候，自己的基金只跌 1%。在投资界，大家更关注相对表现，这也是我们向新客户推销自己的法宝。

基金管理人分为主动型（active）与被动型（passive）两种。主动型基金管理人认为，自己能够凭借对市场与企业的了解，积极配置自己的投资组合，进而打败市场基准；被动型基金管理人则使自己的投资组合配置与市场保持一致。被动型基金管理人认同有效市场理论，认为没有人能够长期打败市场，因为市场配置是有效的。

詹妮弗和我都是主动型基金管理人。我们认为市场中存在价值被错估的股票，我们可以在市场认识到这些股票的真正价值之前，将它们挑选出来，并进行投资操作。关于主动管理与被动管理的争论已经持续了几十年，但并不在本书的讨论范畴之内。尽管我一直是主动选股的忠实实践者，但我认为指数型基金也存在巨大价值。我们也为公司的部分客户有选择性地配置了指数型基金。

然而，在要求基金管理人主动选股的公司中，一般都藏有“指数跟屁虫”（index hugger）。这些人紧紧追随自己基金对应的基准或指数，完全没有主见，我和我的同事通常称这些人为胆小鬼。通常，在扣除管理费之后，这些基金的表现不会超过基准。根据指数配置调整仓位，甚至从不购买不在指数中的股票，这些人所掌管的基金的收益一般会略低于基准收益，但永远都不会以较大的优势战胜基准收益。如果是这样的话，做投资还有什么乐趣呢？

詹妮弗的基准是罗素 3000 成长指数（Russell 3000 Growth Index）。这是罗素咨询公司（Russell Consulting Group）编制的一个指数，指数中包含 3000 家公司的股票，与价值型公司相比，这些公司的收益增长率更高。在 1999 年，科技类公司的市值在该指数中占比已达 50%，这一比例与詹妮弗基金中科技股所占的比重相当。然而，为了更加准确地反映指数成分股市值的变化，罗素公司的管理层在互联网热达到顶峰的 2000 年，将科技股的比重调升至 60%。

在多数基金管理人看来，能否押对板块，是决定相对表现优劣的关键。如果你在 2014 年第四季度持有能源股的比重为两位数，随着原油价格暴跌超过 50%，你一定能深刻体会到这个观点。因此，在2000年中期，当詹妮弗的基准指数中科技股的比重升至60%时，她要做出一个十分重要的选择：对于这些与搜索、网页、浏览器、在线、企业、软件相关的股票，她应追随指数调整仓位，还是按兵不动维持现状？

心太软

美国软件公司宏道公司（BroadVision），是20世纪90年代末备受投资者追捧的科技公司之一。宏道公司开发并向客户销售应用软件，帮助客户建设电子商务平台。在1999年，宏道公司的股价涨幅在纳斯达克排在第二位，在一年内涨幅达到令人难以置信的1494%！[4]宏道公司的案例很有意思，对于宏道公司未来的走势，专业分析师及普通投资者都十分看好。

市场认为，从《纽约时报》到塔吉特公司，所有企业都需要建立一个吸引眼球的、界面友好的、交互性强的网站，因此企业在这方面会有较大数额的投资。宏道公司是较早进入这个领域的企业之一，也是行业领军者。该公司于1996年上市，并在上市后迅速成为互联网界的明星企业。在 2000 年 3 月，宏道公司的市值达到 100 亿美元的最高值。[5]

市场普遍预测，宏道公司 2000 年的销售额将达 1.4 亿美元，利润额将达 1800 万美元。根据市销率与市盈率的数据，在投资者看来，宏道公司每 1 美元的销售额对应的市值超过 70 美元，而每 1 美元的盈利对应的市值达 550 美元。1999 年 9 月，德意志银行（Dentsche Bank）在一份报告引用了国际数据公司（IDC）的预测数据，认为到 2003 年，全球网商销售额将会达到 1 万亿美元。[6] 但是看到如此夸张的数据，我们就应该在决定买入相关股票之前，再好好考虑一下了。

1999 年德意志银行发布该报告时，美国零售业的年销售总额还不到 3 万亿美元，这其中包含汽车、食品等商品，而这些商品到 2003 年实现线上销售的概率非常低。[7] 在那之前的 8 年，美国零售业销售额的年增长率约为 5.5%。即便美国人将消费模式由线下迁移至线上，这一增长率也不会大幅上升。假设在之后的 3 年，零售业销售额年增长率升至 10%，到 2003 年，美国零售业年销售额也仅为 4.4 万亿美元，而 IDC 的数据则意味着线上销售额占比将达 25%！

因此，我认为IDC的预测数据完全脱离现实。在2000年，美国零售业线上销售收入占比非常低，甚至不足1%。[8]宏道公司确实签下了美国航空公司、沃尔玛、家得宝、花旗银行等大客户，但在那时，这些公司的网站还基本无法运行，网站的发展过程比想象中要漫长、复杂得多。

当IDC预测全球零售部门的互联网销售额将在3年后达到1万亿美元时，美国电子商务的交易额仅为560亿美元。IDC给出的预期增长率非常不切实际，应当引起投资者的怀疑。

事实上，全球电子商务1万亿美元的销售额直到2012年才实现，比IDC的预期晚了近10年。[9]2014年，美国互联网线上交易额为3000亿美元，占全球总量的四分之一。[10]尽管我们感觉自己什么都从网上买，但据美国政府的数据，美国国内互联网销售额占总零售额的比重仅为7%。[11]在过去10年，包括食品在内的零售总需求年均增长率仅在3%左右，远低于预期。

基于以上这些数据，宏道公司后来的发展情况也就不令人惊讶了。在网页软件领域，竞争十分激烈。此外，软件产品价格低于预期，客户数量少于预期，公司运营成本高于预期。宏道公司的股价缺乏支撑，轰然崩塌。

如今，宏道公司仍然存在，但其市值只有 2800 万美元，与当初令人疯狂的 100 亿美元相比，着实显得微不足道。2006 年，宏道公司被纳斯达克摘牌，一方面是由于宏道公司无法还清自身债务，另一方面是其股价过低，纳斯达克认为宏通公司难以维持经营。2015 年中期，宏道公司（BVSN）以 5.70 美元的价格重新挂牌，好似昔日辉煌留下的影子。如果将拆股考虑进去，在 2000 年 3 月，宏道公司的股价曾高达每股 19 368 美元！

市场错误地相信了机构对电子商务行业过于激进的预期，也过于乐观地估计了将在近期创建网站的公司数量。投资者没有对此加以任何怀疑，就纵身跳入了虎穴龙潭。在多数零售商还在考虑是否建立网站时，做出到 2003 年 25% 的零售交易将在线上完成的预期，显然不合常理。智能手机是驱动电子商务发展的关键因素之一，而直到 2009 年，美国人中拥有智能手机的还不到 25%。此外，快递物流业的运送能力也十分有限，无法运送如此多的包裹。

在 2000 年，宏道公司的高股价需要极大的电子商务需求做支撑，这显然不合实际。市场高估了面向客户的互联网平台的发展速度，这主要是由于轻信了研究机构不切实际的预期。此外，宏道公司低估了行业推陈出新的速度及其竞争者的实力，所提供的产品和服务可能没有满足客户在软件方面复杂细致的要求。

减持，胜出

詹妮弗决定不追随基准指数的脚步。这是一个非常明智的决定，反映了理性风险承担的多个原则。这其中最重要的一点是，在一个标榜多样化配置的基金中，单一板块的股票占据了太大的权重。詹妮弗是一名实用主义者，也善于提前布局。在她管理的基金中，科技股的权重已接近 50%。在美联储主席艾伦·格林斯潘（Alan Greenspan）发出“非理性情绪”驱动市场上涨的警告后，纳斯达克综合指数又上涨了 300%。这说明格林斯潘对市场最高点的判断非常不准确。詹妮弗曾对我说：“如果有人在两年前就认为市场估值过高，或过早将科技股卖掉，他要么即将被炒，要么已经失业了。”

然而，在 2000 年春天，已经有迹象表明，盛宴即将结束。在 2000 年第二季度，科技行业领军者诺基亚的营收表现不及市场预期，股价下挫20%。2000年3月10日，纳斯达克指数在日内达到最高点5048点。与之形成鲜明对比的是，在15年之后的2015年7月9日，纳斯达克指数也只有4360点，仍未达到2000年的高度。詹妮弗管理的资产规模，已由1997年年初的100亿美元，膨胀至380亿美元。因此，如果与指数相比，科技股占比低10%，就意味着少持有科技股40亿美元。

詹妮弗愿意赌一把。她认为，科技股的股价将大跌，她的竞争对手也不会将科技股的权重升至60%。不过，科技公司的CEO们关于公司营收的疯狂预期，还是使詹妮弗愈加紧张。硅谷的CEO们真把自己当作“宇宙的主人”（Master of the Universe）。有一次，在旧金山的丽思卡尔顿酒店（Ritz-Calton Hotel），我看到一家硅谷高速芯片公司身价数十亿美元（账面身价）的CEO对一名服务员叫喊，只是因为三明治中的生菜“水分太多”。

市场崩塌造成的破坏令人震惊。1999年1月1日～2000年3月10日，纳斯达克指数一路上涨，却在接下来的31个月里，连续下跌了84%。大家终于看清了，互联网及生物科技公司的“皇帝们”确实没有穿衣服，而且这些皇帝以男性为主，只有eBay的梅格·惠特曼（Meg Whitman）

等少数例外，而且 eBay 多少还留有一些遮羞布。“9·11”恐怖袭击事件后，市场进一步暴跌，将崩盘后好不容易拾起的信心又全部打碎。

在此期间，相对于指数基准，詹妮弗的基金表现得非常好。这主要归功于她对不切实际的预期保持怀疑态度，在正确的时点调整了科技类股票的投资规模。詹妮弗以 10% 的优势击败了罗素 3000 成长指数，这也为詹妮弗在之后一连若干年跑赢指数奠定了基础。在市场下跌期，她的基金也在亏损，但由于在科技板块配置的权重显著低于罗素指数，她的基金的下跌幅度要小得多。直到多年后，她仍将自己作为基金管理人长期优异的投资表现，归功于自己在那段特殊市场时期的当机立断。

2013 年，詹妮弗终于离开基金管理人的岗位，转而在富达的内部委员会任职，而我已在 10 年前离开了富达投资。我们经常在一起小聚，有一次，我们决定趁推特（Twitter）公司 IPO 的机会小聚。推特 IPO 在波士顿海港酒店（Boston Harbor Hotel）举行。那些投资银行家，或许是为了彰显活动的高端性，投入了大量安保力量（也是为了防止无关的人混入）。受邀参加活动的人需经过重重关卡才能进入，把守关卡的都是模特型男，安检级别非常高。

詹妮弗告诉我她会比我早到，并为我占好座位。穿过层层安检后，我来到了一个容纳 150 人的宴会厅。正当我左顾右盼时，服务生问我是否需要帮助。我告诉他，我正在找一位朋友。

服务生问我："他长什么样子？"我纠正道："是'她'，不是'他'。""这就好办了，"服务员回答道，"除了你之外，会场里只有一位女性。"他将我带到詹妮弗所在的桌子，我向詹妮弗复述了刚才与服务生的对话，我们觉得这既悲哀又很好笑。

金融市场考验我们甄别市场风险和高效快速应变的能力。2000 年的市场崩盘就是一个很好的例子，在那场互联网泡沫中，盲目的乐观盖过了合乎逻辑的分析。如今再看那时的研究报告，其中的预期极不准确，但投资者在当时仍盲目相信。

在做出投资决策时，我们永远都不要忽视自己的知识、所接受的训练，要保有必要的怀疑。尽管在短期内，我们可能会追不上别人的脚步；但在长期，当泡沫破裂时，当现实取代幻想时，我们将会从中受益。

第 10 章

风险与结局

作为专业投资者，数字是我们的工具。我们研究公司与行业，通过数据来证明某项投资决策的合理性。我们需要研究具体的统计指标、矩阵、截面数据、序列数据、百分比数据，来把握市场的运行轨迹。即便已经知道某项资产今年的价格较去年有所上涨，我们也要量化分析价格上涨的原因。

面对损失金钱的风险，数据是我们制定投资决策的依据和保护伞。每天，我看着绿色或红色的股票价格，及其在各个投资组合中的权重从我眼前的屏幕上飞过。尽管痴迷于数字，我们却很少回顾，在自己的投资生涯中，哪些策略是有效的，哪些是无效的，以及哪些因素在其中起决定性作用。最近，我回顾了公司过去 10 年的投资表现，用理性风险承担原则解释了公司经历的重大事件。这其中，既有成功的案例，也有惨败的经验。

为了更好地探讨这一问题，我们撰写了研究报告，列出了在过去 10 年中，对公司业绩影响最大的贡献因素及拖累因素。在有的案例中，理性风险承担的多个原则同时发挥作用；有的案例中，主要影响因素与理性风险承担的单个原则有关。对这些案例加以分析，能够帮助我们更好地理解如何应用理性风险承担原则。

绿山咖啡

在 2010 年年初，绿山咖啡（Green Mountain Coffee）横空出世。这家公司生产外形时尚的单杯克里格（Keurig）咖啡机，以及配套的色彩丰富的胶囊咖啡（pod），而 pod 这个词通常只会让我联想到豌豆或小型办公室的布局。仿佛是一夜间，曼哈顿所有的高端金融公司都在会议室配置了克里格咖啡机。显然，我没有跟上最新的饮品潮流，尽管这让我有点尴尬，但我还是虚心询问这种咖啡机的使用方法。用这种咖啡机制作咖啡非常便捷，虽然我平时不喝咖啡，但我还是觉得它很酷。

克里格咖啡机的制造商是总部位于佛蒙特（Vermont）的绿山咖啡公司。这家公司起初通过零售卖场及邮寄的方式，销售烘焙咖啡及咖啡豆。在 10 多年前，绿山咖啡的管理层敏锐地发现了商机，购买了克里格公司 35% 的股权。这是一家位于马萨诸塞州的小型咖啡机制造商，拥有单杯咖啡煮制系统的专利。到 2006 年，绿山公司拥有克里格公司全部的股份。胶囊咖啡与咖啡机的搭配就像刮胡刀与刮胡刀片的销售模式一样，商家可以以不盈利甚至亏损的价格销售硬件，而配套的消耗品则可以带来源源不断的利润。同类产品还有订书钉、打印机墨盒、电瓶等。

得知绿山公司的管理层即将在一个投资者大会发表讲话后，我与我的合伙人私下里与绿山咖啡的高管进行了会谈。之后，我们针对这家公司建立了分析模型，对克里格咖啡机的渗透率、每个咖啡机在家庭或商业办公场所的利用率、每个咖啡机及每个胶囊咖啡的利润额等指标进行了全面预期。在我们看来，如果市场形势良好，2012 ~ 2013 年，绿山咖啡每股盈利将达 2 美元。然而，自 2009 年年初以来，绿山咖啡的股价持续低迷，且该公司在未来将面临竞争风险。

绿山公司单杯 K 杯（K-Cup）系列产品的专利权将于 2012 年到期。唐恩都乐（Dunkin' Donuts）及星巴克（Star bucks）都表示，将开发自有品牌的单杯咖啡产品线。这极有可能对绿山公司的增长势头形成打击。此外，绿山公司生产的胶囊咖啡的胶囊外壳并非可生物降解的，且只有装咖啡的部分可以循环利用。由于被丢弃的胶囊外壳数量非常大，有传言部分市政当局将对绿山咖啡征收废物处理费。综合以上因素，我们认为，目前绿山咖啡 35 美元以上的股价还是太高，我们的买入目标价为 30 美元。希望我们能把握住买入的机会。

吸金胶囊

到 2010 年 9 月，我们终于等到了买入的机会——美国证监会宣布将对绿山咖啡的会计数据进行核查。对于上市公司来说，这从来不是一个好消息，绿山咖啡的股价从每股 36 美元跌至每股 28 美元。四处搜集关于证监会核查的信息，我们得知，证监会的核查将持续数年，且绿山咖啡的财务数据不存在十分严重的问题。于是，我们买入了绿山咖啡的股票。然而，由于绿山咖啡仍然面临专利权到期、接受调查等问题，我们将绿山咖啡在投资组合中的权重定为 1.5%，为常规权重的一半。尽管很难确定不同股票之间的相对风险，但分析显示，1.5% 的权重能够将投资组合的风险水平保持在合理的区间。

绿山咖啡的股票很快便重拾涨势。唐恩都乐和星巴克并没有与绿山咖啡展开竞争，而是选择与绿山咖啡合作，开发其自有品牌的 K 杯咖啡。绿山咖啡的盈利数据超出预期，股价也一路上涨。它的每股收益不仅达到我们预期的每股 2 美元，而且有望在 2013 年超过每股 3 美元。

绿山咖啡生产的 K 杯咖啡的销量也十分惊人。2008 ~ 2009 财年于 2009 年 9 月 30 日结束，在这一财年中，绿山咖啡销售了 16.5 亿个胶囊咖啡。有机构预计，到 2011 财年，胶囊咖啡的销量将达 47 亿个。当时正值 2011 年，对于一个 5 年前几乎没有销量的产品来说，这样巨大的销量简直是不可想象的。绿山咖啡的股价一路从每股 30 美元升至每股 60 美元，并继续保持上涨态势。在初次购入绿山股票后，我们又陆续为新客户购入该只股票，但在绿山咖啡的股价升至每股 45 美元以上之后，便没有继续购入。我们为绿山咖啡设置的卖出价目标区间在每股 55 ~ 60 美元，此外，在上涨 50% 之后，股价通常会出现回调。

对公司进行估值的方法太多，恐怕用整本书的篇幅都讲不完。股票市场中充满智慧，大部分股票都是有效定价的。作为专业投资者，我们的职责是从市场中挑选出价格被低估的股票。相较于市场买卖各方达成的均衡价格，这些股票的价格还有很大的上升空间。运用市盈率、现金流、替代成本等多种估值模型对股票未来价格走势做预期，我们认为，绿山咖啡的股价在达到每股 65 美元之前可以适当持有，一旦超过 65 美元，就应开始卖出。

到 2011 年 8 月，绿山咖啡的股价为每股 75 美元左右，我们卖出了绿山咖啡的所有股票。在我们持有绿山咖啡股票的期间，绿山咖啡的股价在各账户综合上涨了 95%，推升公司全年收益率 1 个百分点。对于我们来说，这是很大的成功。

卖出绿山咖啡的股票之后，尽管我们认为该股票已经被高估，但其价格继续上涨。显然，其他投资者也认识到了这个问题。在 2011 年 10 月，知名的对冲基金管理人大卫·埃因霍恩（David Einhorn）发表了对绿山咖啡的负面评估，内容详细，措辞严厉。他认为绿山咖啡可能存在会计数据诈骗、虚增销售与利润数据、消费增速放缓等问题，并强调绿山咖啡的专利权即将到期。投资者们听从了大卫的建议，纷纷抛售绿山咖啡的股票，使绿山咖啡的股价由每股 104 美元一路跌至 2012 年中期的每股 18 美元。在我们卖出绿山咖啡的股票后不久，其股价便开始暴跌。假使我们当初为绿山咖啡配置更高的权重，投资组合的构建过程将更加复杂，或许会使我们错过卖出时机。

尽管为绿山咖啡配置了合适的权重，但在把握正确的抛售时机方面，我们并没有缜密筹划。我们并不知道绿光资本（Greenlight Capital）投资公司的创始者及首席投资人埃因霍恩将对绿山咖啡发表公开评论，也没有预见到投资者的反应会如此剧烈。不过，我们确实使投资组合中绿山咖啡的风险维持在预期中，也严格执行了卖出目标价格。

如今，绿山咖啡公司已更名为克里格绿山公司，该公司继续凭借各式胶囊赚取高额利润。除了生产各式的咖啡和茶外，在可口可乐公司的大力支持下，绿山公司还开发了冷饮胶囊。其后，可口可乐公司成为绿山公司持股比重占 10% 的股东。绿山公司的股价不仅从低位反弹，而且在 2014 年年末创下了每股超过 150 美元的新高。不过，奥里斯公司再也没有购买过该公司的股票。

黑莓公司

黑莓有限公司（Black Berry Limited）总部设在加拿大，更名前叫作 RIM（Research in Motion）公司。在 21 世纪的

第一个 10 年，黑莓公司改变了全球个人通信领域的格局，并开拓出智能手机市场。随着黑莓客户群的扩张，黑莓公司的股价也一路上涨。在 2008 年，受市场崩盘冲击，黑莓公司的市值缩水 75%。2009 年 3 月中旬开始买入黑莓公司的股票时，我们相信，高端智能手机即将统治个人通信市场。我们希望，商务消费及个人消费能够重新成为一种生活方式，而不是奢侈行为。

黑莓公司后来渡过难关，其销售额也加速上涨。2009 年，标普 500 指数触底反弹，全年上涨 26.5%。我们公司的股票账户全年上涨 40.2%，这一年是业绩最好的年份之一。其中，黑莓公司的股票上涨 109%，推升公司收益率超过 2 个百分点。到 2009 年年末，黑莓的股票在多数客户账户中的权重已接近 4%，使得黑莓成为公司代客户持有的权重最高的股票之一。

然而，这时我们应综合考虑风险与收益，权衡为黑莓配置如此高的权重是否合适。撒德（Thad）是一位比我年轻一些的合伙人。我与他在股票投资组合的构建上合作密切，极少争吵。然而在 2010 年夏天，我们因黑莓股票而激烈争吵。我们向彼此抛出各种指控，如果说这只是争论或分歧，就太轻描淡写了，我们甚至不在同一个房间。当时我正与家人在科德角（Cape Cod）度假。我原本应该享受悠闲假期，相反，我却一直与撒德打电话。黑莓公司的季度营收远不及预期，股价在盘后交易中下跌 10%。[1] 考虑到黑莓的股票在客户账户中的权重普遍在 3% 或 3% 以上，这着实令我们紧张。

在驾车来到科德角之前，我在罗德岛的纽波特和我的儿子一起参观了“复古别墅”，这是 19 世纪末期的工业富豪为自己建造的极其富丽的宫殿群。我们刚刚参观完科尼利尔斯·范德比尔特（Cornelius Vanderbilt）建造的令人惊叹的拥有 70 个房间的豪宅。这次参观的主题为“楼上，楼下”（Upstairs, Downstairs），在听到黑莓股价的消息后，我的心情立马跌到了“楼下”。

黑莓的股票曾为公司增光添彩。在 21 世纪的第一个 10 年，黑莓手机是时尚、睿智的代名词。截至 2009 年年末，该公司智能手机的用户量已达 2500 万人。无论是在投资界、时尚圈，还是在政界，每个人都使用黑莓手机。他们或是面色焦虑地上下推动中间的导向小球，或是用手机键盘打字，或是阅读信息，或是打电话，黑莓手机将他们与世界联系在一起。大家普遍认为，黑莓的加密技术要优于其他品牌的手机。部分客户需要严防自己或客户的专利信息泄密，还有的客户对手机安全要求较高，黑莓手机尤其符合这类客户的需要。对于管理层来说，黑莓手机就像客户的绝密邮件一样安全。

iDanger

黑莓系列产品最终还是迎来了挑战，这个挑战化为 6 个字母：iPhone。苹果公司于 2007 年发布了其首款智能手机，新推出的智能手机外形时尚，引起热烈反响。不过，由于人们普遍认为黑莓手机比苹果手机更安全，黑莓的管理层及其华尔街的支持者并不认为苹果将对黑莓构成威胁。尽管黑莓的用户数仍在增长，并于 2010 年达到 4000 万人的最高点，且黑莓的利润额也在增长，但苹果风暴已蓄势待发，即将改变整个世界的个人通信模式。

2009 年，苹果的用户量已超过 5000 万人，并预计将在 2010 年突破 1 亿人。尽管苹果的加密系统稍逊于黑莓，但这并没有影响苹果手机的供不应求。消费者喜欢苹果手机高端的相机和录像功能，以及苹果手机中音乐、地图、多媒体、Facebook 及其他社交软件等成百上千种应用程序。这些程序在苹果手机上运行顺畅，却频频在黑莓手机上卡顿。

因此，当黑莓没有完成其第二季度盈利预期时，投资者在盘后纷纷抛售手中的股票，也彻底毁了我的假期。于是撒德成了我的出气筒。

黑莓盈利没有达到预期已经是既成事实，接下来需要制定应对策略。我们需要判断，黑莓股价下跌只是偶然现象，还是意味着手机市场已经发生结构性的改变。黑莓的股价在下跌后有所反弹，这时，黑莓的管理层仍坚称其手机产品完全可以与苹果手机竞争。然而，黑莓公司的雇员开始表达自己对苹果手机的偏好，要求公司采购部门尊重员工的个人偏好，这进一步侵蚀了黑莓的客户群。

最终，我们在 2010 年 9 月卖出黑莓的股票。在 2010 年持有黑莓股票期间，黑莓的股价下跌了 31%。这当然是非常惨痛的经历，不过由于我们在 2009 年成功抄底，总体上看，我们的收益大于损失。尽管黑莓股价不时会出现反弹，但到 2015 年中期，黑莓的股价已跌至不足每股 8 美元，与 2008 年的每股 144 美元形成鲜明对比。令人欣喜的是，即便如此，全球范围内黑莓仍有 4600 万的客户，[2] 但这与苹果超过 5 亿的用户量比起来，着实显得微不足道。[3] 即便将这个数字折半，也意味着美国所有的男人、女人及小孩，人均拥有一部苹果手机！在苹果面前，黑莓绝无翻身机会。我们应该早些卖出黑莓的股票。

NET 1 UEPS

在 2008 年，我们持有的所有股票基本上都成为金融危机的牺牲品。这其中，由于我们错估了 NET 1 UEPS 公司的上涨时机，这家南非公司的情况尤其惨烈。2005 ~ 2007 年，我们公司在国外市场进行了多笔成功投资，其中包括一家巴西能源公司与一家俄罗斯手机企业。于是，接下来我们准备试水非洲的上市公司。在大宗商品价格持续攀升的背景下，多个矿藏丰富的非洲国家经济强劲增长。在 2006 年，我们锁定了一家名为 Net 1 UEPS（UEPS）的南非支付清算公司。

我们的投资理念听起来非常棒：随着南非及其邻国经济不断发展，这些国家可能会绕过传统的银行支付系统，直接跨越到通过手机完成资金收付。毕竟，它们对传统银行系统也不太熟悉。这将包括工资、养老金、福利等多个支付项目，这些项目都可通过 Net 1 的软件平台支付。该公司已成为南非多个地区政府福利的特许支付机构，并有望拿下包括南非国家社保在内的多个支付大单。

我们与 Net 1 UEPS 的管理层会面，并持续联络了数月的时间。我们为该公司建立了模型，测算出该公司的盈利将在未来 5 年内翻倍，且股票价格也会随之翻番。我们简直大错特错！随着全球金融市场在 2008 年崩盘，南非兰特这样的弱势货币贬值幅度达 30%。南非社保署推迟了合同的签署，这对 Net 1 公司造成了很大冲击。

坏信号

Net 1 之所以颇具吸引力，主要与所处的时机有关。当时，全球对非洲的大宗商品需求增速较快，移动电话已经普及，手机金融支付被广泛使用，多个福利部门的软件合同有望签署。然而，我们关于时机的判断却大错特错。Net 1 基于手机的支付系统，早于非洲广泛的用户需求及稳定的基础设施若干年出现。在该系统实现全面运营前，仍需要大量的资本投入以及多年的市场实验。到 2011 年，该公司的每股收益由 1.54 美元跌至 0.06 美元，到 2014 年，才勉强恢复至每股 1.50 美元。[4]

我们于 2009 年卖出 Net 1 公司的股票，在该股票上损失了 50%。当时，尽管美国的标普 500 指数已经开始反弹，但国外市场，尤其是南非市场需要多久才能恢复元气仍不确定。更重要的是，Net 1 发布新品的计划被推迟，推迟时间可能长达数年，而我们实在不想再等下去了。如今，基于手机的银行业务操作、工资发放、福利发放在非洲已经非常普遍，但我们过早预测了这一时代的到来。

通常，随着技术革新，一个新兴领域中的首位探路者，往往会被后来者更好更易掌握的技术打败。比如搜索引擎领域的雅虎、浏览器领域的美国在线、社交网站领域的MySpace。Net 1 只是一个市场参与者，并没有如我们所愿，成长为市场统治者。事后来看，及时卖出是正确的选择。自我们卖出后又过了 6 年，该公司的股价仅上涨了 25%。

第一共和银行

我们对 Net 1 公司改变非洲的银行业务寄予厚望，却遭遇滑铁卢。好在，我们对一家美国银行的投资取得了巨大成功。这家银行参与了美国银行业的革新，我们果断把握住了投资机会。第一共和银行（First Republic Corporation, FRC）是一家位于旧金山的私人银行，在 2013 年，其股票是我们公司表现最好的股票之一。早在 2011

年，我们就购入了 FRC 的股票。最初，我们注意到这只股票是源于客户的推荐，公司的一位客户曾与 FRC 的总裁会面，并询问我们的投资意见。在此之前，受金融危机的影响，我们一直没有投资金融股。然而，由于金融板块的股票折价严重，是时候再次进军该板块了。

有趣的是，FRC 曾经历过多种所有制形式。它最初是一家独立的银行，后转为上市公司，之后又被美林银行收购，转为非上市公司。再后来，由于美林银行面临巨大财务压力，它不得不被美国银行收购。作为交易的一部分，美国财政部要求美林银行放弃部分资产，这其中就包括 FRC。

最终，这家非上市公司又重新上市，促使我们于 2011 年年初，对其进行了仔细的研究。FRC 有不少闪光点，其中最值得称道的是其主打高端私人市场的战略部署。随着股市逐步攀高，个人开始积累财富，尤其是在旧金山湾区，社交媒体公司的业绩成爆炸式增长。除此之外，单是苹果与谷歌的高管，就可以撑起一家个人财富银行。

然而，这个既有及潜在客户群存在一个问题：他们不再信任大银行打理他们的资产了。他们或在金融危机期间经由大型金融机构损失了巨额资产，或因世界银行巨头自身的失败而被惊得目瞪口呆。

FRC 代表古板、傲慢、富有争议的传统银行的对立面。硅谷新兴富豪及企业家纷纷转投该银行。除个人客户外，FRC 也为企业客户提供十分优质的服务。随着美国经济基本面回暖，西海岸的房地产市场逐步反弹，FRC 成为最高端市场主要的抵押贷款发放商。综合以上因素，我们看到了绝佳的投资时机。

我们在 2011 年年初首次购入该银行的股票，并在 2012 年逢跌补仓。2013 年，该银行的股票在公司所有账户的平均收益率达 61%，推升公司整体收益率将近 2 个百分点。[5] 尽管像所有上市公司一样，FRC 也经历了成长的阵痛，但银行管理层很好地执行了扩张计划，抓住了理财行业变革带来的机遇，针对其竞争对手的弱点集中发力。到现在，我们仍拥有 FRC 的股票。

评价股市投资技能最好、最真实的方法，就是回顾我们的投资业绩，以及那些对总体收益率影响最大的投资操作。诚然，直面过去的错误难免使我们心生畏惧，但通过分析如何运用，在何处运用理性风险承担原则，我们可以从过去成功与失败的经验中收获颇多。

第 11 章

知识与怀疑

在承担重大风险之前，要对局势有深刻的理解，这是常识。在投资界，信息可以促使我们制定更为激进的策略，并为我们的选择提供依据。

到底应该确信还是怀疑自己的知识，是投资界最有意思的问题之一。我们购买过的成功的股票，都是我们确信这些公司有可取之处，而市场尚未发现或充分认可其闪光点，直到某一事件将此暴露。例如，某开发商在撒哈拉赌场度假区（Sahara Casino Resort）旁购置房产，使赌场的价值翻倍，其股价也随之翻番。

哈斯科

从上海到布鲁克林，在 2005 年，整个世界就好像一个巨大的新都会。闪亮的大楼拔地而起，仓库被改造成昂贵的公寓。房地产业蓬勃发展，我们觉察到这一趋势，在资产组合中配置了一家美国房地产中介上市公司及一家法国水泥制造商。在此基础上，我们继续寻找更直接的投资建筑业的机会。

哈斯科集团（Harsco Corporation），其前身是哈里斯博格汽车制造公司（Harrisburg Car Manufacturing Company），最初在19世纪中期，为西宾夕法尼亚及俄亥俄州的钢铁及铁路公司制造有轨车及轨道，并提供相关服务。后来，哈斯科转型为建筑设备制造商，为工业建筑提供脚手架、成形加工、支撑服务。哈斯科的可移动建筑装备在欧洲及美国的租赁市场需求旺盛，新兴经济体在21世纪最初几年的快速增长也为哈斯科提供了不少客户，尤其是在亚洲与中东。

我们研究了哈斯科的各个业务部门，发现哈斯科的核心业务集中在“工地服务”（access service）部门。2005年，哈斯科的营收额为30亿美元，“工地服务”部门的贡献率约为30%。在我们看来，接下来的几年，如果市场对建筑平台及高度机械化脚手架的需求继续以较快的速度增长，哈斯科不仅能够将其建筑设备全部租出，而且可以对开发商提高租赁费率，无论开发商的背景是私人集团、市政府还是一国政府。

在第一阶段的研究中，哈斯科给我们留下了非常好的印象。我们与哈斯科的财务主管吉恩·特鲁特（Gene Truett）及 CEO 德里克·海瑟威（Derek Hathaway）进行了会谈。海瑟威来自苏格兰，他颇具人格魅力，在 15 岁时便辍学养家，后来在欧洲创立了自己的公司，该公司最终被哈斯科收购。美国投资者都觉得海瑟威的苏格兰口音非常迷人。2005 年，中东地区对哈斯科营收的贡献率不足 10%，亚洲的贡献率更低。然而，哈斯科在阿联酋签下了多个具有政府背景的新订单，尤其是在迪拜及阿布扎比。这些订单中有多个摩天大楼的建设工程，其中包括世界上最高的建筑迪拜塔（Burj Dubai），如今更名为哈利发塔（Burj Khalifa）。

我和我的合伙人通过模型，对哈斯科各个分部的营收和盈利情况进行了预期。在 2005 年第四季度，我们为公司的所有账户配置了哈斯科的股票。

哈斯科使我们成为大赢家。2006 年，哈斯科的股票在投资组合中的权重超过 4%，其股价在全年上涨了 70%。哈斯科的营收及盈利增速超出了华尔街的预期。这主要归功于其“工地服务”部门，正如我们所预计的一样。然而，到 2006 年年末，我们并不确定房地产市场中还有多少热度尚存。

我计划去科威特与一位客户商讨投资组合事宜，于是，我顺道去了阿联酋，与哈斯科中东地区的负责人一起实地考察项目进展情况，以更好地把握这些项目的规模及潜力。我在科威特停留了几天，那里太热了，好多次我都想试一下能不能在路面上煎蛋。与客户会谈结束后，我从科威特飞往迪拜。

在迪拜的第一天，从早晨开始就十分不顺利。到达朱美拉酒店（Jumeirah Hotel）的大堂后，我发现所有人都在盯着我看，因为他们觉得我身着短袖上衣十分不雅。尽管迪拜的气温高达 106° F（约为 41℃），但所有穿西式裙装的女性都穿着西服上衣，其余的女性大都身着传统的黑色及地长袍。我急忙跑回房间拿了一件夹克穿上，感觉自己被迪拜电视广告中那些身着暴露泳装的甜蜜夫妻深深误导，这些广告使我认为迪拜是一个开放的城市。显然，那些广告不是在我留宿酒店的大厅拍的。

亨里克（Henrik）[㊀]是哈斯科的区域总裁，他在喧闹的大厅中找到了我。亨里克来自德国，个子很高，留着长发，符合我对这个城市中满是来自西方的狂野掘金者的印象。亨里克曾在哈斯科欧洲建筑集团工作了 10 年，之后，他接受了提拔调动，负责哈斯科阿联酋分部的业务。他认为，这将助推自己的事业发展。我们开车经过一幢幢大型建筑后，到达了哈斯科在当地的总部。在那里，我与哈斯科庞大的国际团队进行了会谈。这个团队中的所有人都在世界的多个地方拥有丰富的商业地产建筑经历。

他们回答了我关于在中东做生意与在其他地方有何不同的问题，这其中包括缺水和高温带来的不便，以及提供低价能源的优势。作为首席工程师，亨里克和我一起驱车去了一个附近的机场，并共同登上一架直升机。我们飞遍了迪拜的各个角落，之后又飞去了阿布扎比和沙迦。在这趟飞行中，最令我震惊的是这些城市中建筑工地与塔吊的数量。迪拜的一条道路上，一幢幢摩天大楼的骨架从沙漠中拔地而起，仿佛是想一次性复制公园大道（Park Avenue）的 20 个街区，无论是大楼的高度，还是内部建筑面积，都不甘落后。此外，海湾处新建的星形人工岛也令我十分震

㊀ 此处为化名。

惊，人工岛上建有上千栋豪华别墅。我们从尚未完工的豪华酒店、体育场、购物中心上方飞过，这些建筑在太阳下闪闪发光。若不是那天亲眼所见，我绝对不会相信这些都是真的。

我们所乘的直升机在世界最高建筑的上方盘旋。那是2006年，距大楼完工还有4年，但其恢宏程度已足以令人惊叹。这幢大楼最初名为“迪拜塔”，后更名为“哈利法塔”。哈利法是阿联酋总统、阿布扎比酋长的名字。哈利法塔高2717英尺（约828米），共有163层[⊖]，它彰显了迪拜意图成为世界著名商业中心的野心。迪拜希望吸引全球的超级富豪来到这里，并为他们提供游玩、居住、购物服务。哈斯科在多个方面密切参与了迪拜塔的建设，其行政人员向我讲述了哈斯科的设备在其中的应用情况。我问能否到未完工的塔里面去看一下，不过被坚决拒绝。

亨里克告诉我，迪拜市已经借下800亿美元的债务，并要求阿联酋的民众为庞大的城市建设项目筹资。尽管迪拜的人口将近200万，但其中超过70%是来自亚洲的劳工。我开始疑惑，究竟谁会入住这些昂贵的公寓？谁会买下人造岛屿上的房屋？谁会填满上百万平方米的写字楼？摩天大楼拔

⊖ 原书为163层，也有说162层。

地而起确实令人叹为观止，但其运营逻辑终究不切实际。

如果哈斯科的中东客户开始出现财务危机，那么他们可能会出现合同违约，使得哈斯科在承担高额设备运营费用的同时，却收不到租赁费用。从迪拜到雅加达，很多项目都是通过债务融资的，这使得哈斯科的杠杆率非常高。这些都是泡沫的迹象，且泡沫随时都可能破裂。

返回波士顿后，我与我的合伙人权衡了继续持有哈斯科的利弊，并决定逐步卖出哈斯科的股票。在我们看来，股票市场及哈斯科的管理层对未来盈利情况的预期都太过乐观。不久之后，2008 年的“沙尘暴”（即金融危机）使情况变得非常糟糕。迪拜主干道上数十个尚未完工的大型建筑烂尾。在这波风暴中，哈斯科损失惨重，一方面是因为所有的产品线都因经济衰退而受到冲击，另一方面是因为该公司在市场见顶的情况下，仍不断添置设备，招募人员，扩大债务及投资规模。直到 2015 年，哈斯科仍尚未完全恢复元气。

我们之所以能够及时卖出哈斯科的股票从而获得收益，是因为我们尽可能地去了解其产品线、客户、增长机遇及潜在风险。我们知道，尽管在做出投资决策时，盛宴尚未达到高潮，但它很快就会结束，而残局将难以收拾。

爱尔兰联合银行

到 2007 年中期，我们对美国金融机构的情况非常担心。我的合伙人大卫·斯卡德确信，美国的银行及其他贷款机构正在滥用次级住房抵押市场，并建议我们将该部门的股票卖掉。这样一来，我们完全不再持有金融机构的股票，我们开始在美国之外寻找合适的金融类股票。

在研究了多个国际性银行后，我们将视野锁定至爱尔兰联合银行（Allied Irish Bank, AIB）。自 2004 年以来，爱尔兰的经济增速已由 4.5% 增至 5.7%，此外，该银行管理层、经济学家及我们在英国的联络员都认为，爱尔兰的经济增长前景仍然十分强劲。

当时，我们急于在投资组合中增添一只金融类股票，忘记了迪拜之行时的怀疑精神。投资者们将数十亿美元的资金投入房地产，而泡沫终将破裂。当时我却没有关注这些信号，现在回想起来，仍会觉得愧疚。爱尔兰人不愿承认自己的国家也在经历类似的房地产泡沫。不幸的是，我们听信了这些人的观点。

我有一位居住在都柏林，在爱尔兰联合银行工作的朋友，我们与她进行了会谈。她向我们确认，爱尔兰住房及房地产市场的情况比美国好得多。此外，在过去的 12 个月，爱尔兰联合银行的平均市盈率只有 8。我们对该银行进行了深入的研究，建立了估值模型，并对模型得出的预测数据感到满意。我们于 2007 年 9 月购入爱尔兰联合银行的股票。

只过了几周，我们就意识到这是一个错误的决定。在 2008 年 3 月，随着房地产市场的温度升至沸点，爱尔兰联合银行披露，其住房类资产中，有 8% 可能存在信用质量问题。在我们看来，“可能存在”就是“已经存在”的委婉说辞。不过考虑到住房及商业房地产贷款在所有贷款中所占的比重，8% 也不是一个太大的数字。2008 年 3 月，德意志银行的一份报告写道：“就爱尔兰联合银行的资产质量而言，其前景仍然是好的。”[1] 这些话虽好听，却大错特错。

我们认真研究了国内抵押贷款的情况，认为局势十分危险。我们认识到中东地区也是同样的情况，坏账风险已经开始在全球蔓延。然而，在爱尔兰这样一个我们并未充分研究的国家，我们却忽视了这一风险，并制定了错误的投资决策。不久之后，爱尔兰的不动产市场崩盘，爱尔兰联合银行承认其房地产贷款面临坏账风险。

支撑银行贷款的住房及商业地产的价值被高估。在2008年1月，我们意识到问题的存在，便在第一时间卖出了全部的份额，损失了-12%。亏钱的滋味不好受，但想到两年后这只股票变得几乎一文不值，我们还是稍感安慰。后来，爱尔兰联合银行接受了爱尔兰政府的救助，它在2009～2013年都是亏损，到2014年才开始盈利。我们实在不该犯这样的错误。

怀疑

投资行业中充斥着太多信息，善于施加怀疑是实现理性风险承担的重要因素。对其他投资者分享的信息持怀疑态度，与深入存疑的议题同样重要，尤其是在我们能证实自己的怀疑确有必要的情况下。

在20世纪90年代的大多数时间，盖璞集团（Gap Inc.）迅速成长，其股价在1995～1999年涨了10倍。盖璞开创了休闲而时尚的时装潮流，并革新了时装零售业的存货模式。盖璞生产的服装非常舒适，偏中性化，其广告也十分抓人眼球。

然而，至今我仍记得盖璞的CEO米奇·德雷克斯勒（Mickey Drexler）在1998年一次会议上的讲话。德雷克斯勒为盖璞的快速崛起立下了汗马功劳。他在讲话中提到，盖璞目前的营销额是 65 亿美元，占美国服装零售总额的比重略高于 3%。他认为，这一数字很容易就可升至 5%。但在我看来，考虑到时尚趋势不可捉摸且瞬息万变，这样的说辞听上去过于自大，且不切实际。消费者的偏好会发生变化，J. Crew、H&M 等时装行业的新兴力量均借鉴了盖璞成功的早期经验，成长为盖璞的竞争者。也就是在那天，我失去了对盖璞的信心，而这刚巧是盖璞对美国服装市场渗透率最高的时候，也是其股价最高的时点。

推特

正如我在之前章节提到的，我参加了推特 IPO 的路演。路演在波士顿海湾酒店举行，酒店的大厅、走廊、宴会厅中都是精明的年轻人，他们脸上都留了些胡子，穿着价格不菲的欧式修身款衬衫，且不系领带。这些人好像是参考了同一个着装指南《如何穿戴才能看起来像科技企业家或数字时代的投资者》（*How to Look Like a Tech Entrepreneur or Digital Age Investor*）。

说自大是投资界的职业病或许有些夸张，但事实也差不多如此。如果你是公司管理人，要向潜在投资者推荐自己公司的股票，你必须看上去尽可能积极而自信，因为你的目标是说服他们购买你们的股票；如果你是基金管理人，无论是在牛市还是在熊市，你都必须对自己的投资组合充满信心，因为提振股价的方法之一，就是说服其他专业投资人也购买同样的股票。

对于为何推特的估值能够高达200亿美元，我很感兴趣。通过推特这一社交网络平台，用户可以关注、分享、评论其他人的发言或碎碎念，粉丝多的人一般是著名人士或网络红人。广告商通过大V用户的推特精准营销，比如说，金·卡戴珊（Kim Kardashian）的粉丝更有可能看到拉斯维加斯夜店、睫毛膏、莫罗·伯拉尼克（Manolo Blahnik）女鞋的广告。

尽管我参加过很多场推介会，但在自吹自擂方面，推特管理层在那天做的展示无人能出其右。推特管理层表示，推特的目标是使“地球上的每一位”都成为推特的用户。这样的宏大目标涉及面太广，我花了一分多钟的时间思考是否动物也被包括在内；在征服了地球之后，推特是不是还要进军火星。

最终，我们决定不买推特的股票。尽管当时推特的全球月活跃用户（monthly active user, MAU）已达 2.32 亿人，但我仍对推特的营收及盈利预期持怀疑态度。在推特的月活跃用户中，超过 75% 来自海外，但推特并没有针对美国及西欧以外的用户制订成熟的广告模式。[2] 在估值如此高的情况下，推特的表现容不得任何闪失。

在推特上市的第一天，即 2013 年 11 月初，推特的开盘价是每股 26 美元，当天收盘便涨至每股 44.93 美元，到 2013 年年末，其股价更是涨至每股 73 美元。不过，这也是推特股价的峰值。自那之后，推特的股价一路跌至每股 30 美元以下，推特的 CEO 迪克·科斯特洛（Dick Costolo）黯然辞职。

为了分析推特公司的表现为何不及预期，我看了多个华尔街分析师的报告。这些分析师中包括一位来自 J. P. 摩根的分析师。他曾预计，推特的营收到 2015 年将翻番。他还预计，到 2015 年，推特的月均用户量（average monthly user）将达到 3.66 亿人。[3]

事实上，推特的多项经营指标都超出了预期。然而，其用户量增速陷入停滞，美国国内用户量增速甚至跌至负值。推特 2015 年的月均用户量曾一度被预期为 3.66 亿人，而目前，该预期值已被下调至 3.35 亿人。如果一家公司的股价由不切实际的预期支撑，那么市场对实际表现不及预期的容忍度为 0。

或许推特的用户对没完没了的推特信息感到了厌倦，或许推特增添新功能能够重新刺激用户增速，但无论如何，推特对投资者已经失去了吸引力。投资者转而持有更成熟、更安全的 Facebook 或亚马逊的股票。我们从一开始就对推特持怀疑态度，至今从未买过推特的股票。

我们之所以决定购买一家公司的股票，是因为我们认为市场尚未完全发现其升值潜力。通常，我们的怀疑精神还不够。如果不加以验证，我或许会认为摩托罗拉将会在智能手机市场大展身手，广播的广告率会上升，3D 成像会成为大部分 X 光的标准，加拿大的服装业会整合发展，语音识别技术将被广泛应用于即时打字交流。

Kythera 生物制药

缺乏怀疑精神是致命的，但是，从股票市场的发展历程来看，保持积极乐观的态度也颇有价值，因为市场的长期趋势是不断上涨的，过于多疑会使你缩手缩脚。要克服这一点，最有效的策略是去质疑极端负面的市场情绪，这正是我们考察 Kythera 生物制药公司时所持的态度。

2013 年年初，我们以不错的收益率卖出 BioMarin 生物科技公司的股票。我们认为生物科技领域仍将维持上涨态势，并试图在该领域寻找新的投资目标。我有一位朋友是皮肤科医生，他建议我考察一下 Kythera 公司。这是一家刚上市不久的生物科技公司，总部位于南加州。该公司的明星产品是一种治疗双下巴的药物。我们研读了构成该特效药的主要复合物 ATX-101 的所有临床实验资料。这是一种注射用的酸性药物，能够奇迹般地破坏脂肪细胞的细胞膜，然后促使损坏的脂肪细胞被自然清除出人体系统。该药物第二阶段的临床实验数据于 2011 年发布，数据表明，这种药对消除颌下脂肪，即俗称的“双下巴”，有明显效果。Kythera 正在进行第三阶段的临床实验，被试人数超过 500 人。该公司希望第三阶段临床实验的结果能够促使该药获得 FDA 的批准，从而实现商业化生产。

虽然 Kythera 的股价超过 25 美元，但华尔街对这家公司并不看好。分析师认为，针对双下巴研究特效药就是个笑话。该公司的市场价值不足 8 亿美元，这也反映了投资者对 Kythera 公司缺乏兴趣。

我们已经持有了艾尔建（Allergan）公司的股票，该公司生产的抗皱药物保妥适（Botox），具有数十亿美元的市场。我是医学美容产品的坚决拥护者，或许是因为我很容易就可以预见自己将如何从中受益。数据表明，医学美容领域正处于快速成长期，人们愿意为此花大价钱。从日渐老去的婴儿潮一代，到 35 岁的男女明星，每个人都愿意使用这些产品，以永葆年轻容颜。

Kythera 的总部距洛杉矶市区有一个小时的车程，我去拜访了 Kythera 的总部，与 Kythera 的管理层进行了会谈。Kythera 的管理层有一半来自美国安进公司（Amgen），其中包括 CEO 凯斯·莱昂纳德（Keith Leonard）与 CFO 约翰·史密瑟（John Smither），另一半来自于艾尔建。安进和艾尔建是该领域规模最大的两家生物制药公司。我希望能够深入了解 ATX-101 第三阶段临床实验的相关内容。在我看来，该公司没有准确向投资者披露病人数量、药物实验成功标准、药物剂量、实验时长，以及可能影响实验结果的其他因素等信息。我提出了一长串的问题，但其中有些问题 Kythera 的管理层没有回答。不过，我还是对该团队严谨的研究态度及所提供答复的详尽程度印象深刻。

我们为 ATX-101 建立了模型，对美国双下巴人群中希望寻求治疗的人数占比、治疗的平均成本及利润额、销售及营销成本进行了较为保守的估计。通过模型估计，我们认为，到 2018 年，该公司的每股盈利能达 5 美元。因此，如果我们能在每股 30 美元以下买入股票，该股票的升值空间将非常大。

初步会谈之后，我们以每股 29 美元左右的价格购入 Kythera 的股票，不过仓位较低。ATX-101 第三阶段临床实验获得了较为积极的结果，并于 2013 年 9 月对外公布。Kythera 的股价一度冲高，不过于 2014 年重新跌至成本线附近。对于 FDA 是否会批准这样一种改善情绪而非治疗疾病的药物，市场持怀疑态度。不过，每次 Kythera 的股价出现下跌，我们便继续买入该公司的股票。Kythera 的管理层多次来到我们位于波士顿的办公室进行会谈，每次去洛杉矶的时候，我也必去 Kythera 的总部。

2015 年 4 月 29 日，FDA 通过了对 ATX-101 的认证，药品名为 Kybella。2015 年 5 月初，Kythera 的股价仅为每

股略高于 40 美元，我们为新开的账户配置了该公司的股票。到了 6 月中旬，我需要飞到西海岸与 Kythera 公司进行会谈，了解新药的发售情况，以及下一款主打产品——一种治疗谢顶的特效药的研发情况。

飞机抵达洛杉矶之后，我收到的第一条信息来自 Kythera 的投资者关系部门主管。他取消了次日，即 6 月 16 日的会谈，且没有做出任何解释。刚刚飞行了 3000 英里（约 4828 公里）来到这里，却被告知会谈被取消，我简直不敢相信自己的眼睛，一时间既愤怒又无助。我与 Kythera 的发言人私交甚密，她对于会谈取消非常抱歉，不过也坚称 Kythera 的高管均无法参加会谈。我问是否 CEO 出现了严重的健康问题，她说没有。我又问了几个试探性的问题，但均没有得到实质性的答复。于是我便没有再继续追问下去。

自此之前，Kythera 的股票已经连涨了几周。我猜测，与 Kythera 高管的会面被无端取消的原因，很可能是 Kythera 即将被收购。我给公司的同事打了电话。尽管我并没有确切的消息，但这时如果继续购入该公司的股票绝非明智之举。如果 Kythera 真的被收购，我们可不想收到 SEC 的问询，质问我们为何在 Kythera 被收购前夕大量购入该公司的股票。毕竟，Kythera 股票在多数奥里斯账户中所占的份额已经超过了 2%。

又过了一天，在 6 月 17 日的早晨，我醒来后从手机、iPad、CNBC 上看到的第一条新闻都是艾尔建收购了 Kythera，收购价为 21 亿美元，折合每股 75 美元。艾尔建就是 Kythera 半数高管的前东家。一项被市场忽视数年的投资项目，忽然得到认可的感觉棒极了。在被收购前 6 周，Kythera 的股价只有每股 42 美元而已。对于市场中弥漫的怀疑态度，我们提出了质疑，这也是这些年来我们应用理性风险承担原则的最佳案例之一。

MetroPCS

在每一位职业投资人的履历中，无论他承认与否，都遍布着上当受骗、判断失误的记录。我们总是愿意相信真的生产出了神奇的特效药，设计出了所有人都需要、都想拥有的产品，或是 10 年内不会遇到竞争对手的高新技术横空出世。尽管人们倾向于乐观积极，不过作为理性风险承担原则的一个方面，怀疑主义能够起到一定的平衡作用。然而，尽管在分析一家新公司时有严重的怀疑主义倾向，但我也犯过不少天真的错误。

2007 年，我从一家风投公司的 CEO 那里听说了 MetroPCS 通信公司的一个营销项目，该风投公司曾参与过最初几轮的融资。分析表明，有相当数量的人愿意购买限定通话区域的手机套餐，从而控制通信成本，不必再支付过高的通信费。我们与 MetroPCS 的管理层进行了多次会谈，实地考察了多个门店，与门店经理交谈，并监测门店的客流量。我们自以为已经了解了该公司的运营平台、区域增长策略，以及其在未来几年的收入及支出模式。

然而，MetroPCS 公司及其支持者们都大错特错了。MetroPCS 并没有预见到，其竞争对手为用户提供了更具吸引力的资费套餐，且可以在美国全境无区域限制使用。此外，随着手机通话的边际成本一再下降，消费者们并不愿意换掉原有套餐。MetroPCS 提供的手机，其功能也不够先进，甚至无法满足最低资费套餐的要求。与此同时，MetroPCS 在扩张、广告、营销上花费巨大，令投资者们非常失望。2007 年，该公司股价下跌了 50%。而对于我们来说，唯一的安慰则是 MetroPCS 的股票在公司投资组合中所占的份额非常低，因此我们没有遭受太大损失。

显然，如果能够对潜在的投资操作有深刻的理解，无论是作为投资者，还是决策制定者或风险承担者，我们都将从中受益。在一头扎进与风险为伴的行业之前，我们应学会运用知识这一无价的财富。而在投资时，每个人都应对公开披露的信息进行自己的解读。回顾过去的得失，我们愈加重视风险，并愈加愿意采取符合理性风险承担原则的应对措施。

第 12 章

交易大师

在我的投资生涯中，有幸与多位投资大师共同工作。在与他们交谈时，尽管很少专门强调风险问题，但显然他们在制定选股决策时，早已将理性风险承担原则内化于心。

他们对各种预测数据均持怀疑态度，除非亲自研究了相关报告，或对每一个投资项目都有深刻了解。最犀利的专业投资者，十分关注影响股价涨跌的关键性因素。无论市场如何变幻，他们都不会忽视这些因素的作用。这些交易大师，尽管风格各异，但都十分注重细节性信息、购股的规模、买入的成本，以及买入和卖出的时机。

房间钥匙、赌场筹码与保险箱

1983 年夏天，我从商学院毕业，入职富达投资。那时，彼得·林奇（Peter Lynch）就已经是投资界的明星级人物了，彼得掌管的麦哲伦基金（Magellan）绝对是美国大型股票型共同基金中的佼佼者。在那之后的 7 年间，我和我在研究部门的同事一直试图向彼得展现自己的专注力及自认为最好的观点。我们努力争取与彼得面对面交流的机会，想尽一切办法，用自己的奉献精神、极高的研究效率以及恰到好处的股票推荐吸引彼得的注意。彼得总是很有礼貌，有时会漫不经心、语气轻柔，他善于清晰地表达观点。在那个年代，他总是埋首于办公室里堆得像小山一般的材料之中。他个子很高，身型宽大。与他共事的几年间，他鬃毛一般凌乱的头发由灰色变成白色，头发时常朝各个方向立起，颇有安迪·沃霍尔（Andy Warhol）的风范。

我在 1983 年一个周日的晚上生下了第一对双胞胎。第二天早上 7 点，我给彼得打了电话，那时他应该已经到办公室了。我告诉彼得自己生下了双胞胎，他非常高兴，一连说了好几个“好极了”。当彼得听到开心的、令人振奋的消息时，他特别喜欢说“好极了”。短暂的停顿过后，彼得询问我是否已经与太平洋证券（Security Pacific）的管理层进行了会谈。这是一家位于美国西海岸的银行，一个月前我曾经拜访过其总部，我早就想到彼得会问这个问题。

我向彼得汇报了会谈的内容，彼得又一连说了好几个“好极了”。

彼得于1990年5月卸任麦哲伦基金管理人。在此之前，在彼得身边，我曾担任过麦哲伦基金的助理基金经理人、行业分析师、行业基金管理人。彼得卸任后仍在富达工作，担任顾问、导师的职务。对于曾受他提点的人，以及那些在彼得卸任时尚未出生或仍蹒跚学步的人来说，彼得仍是传奇一般的存在。

听彼得讲述他的风险分析框架，使我对他的投资风格有了更独到的见解。他并没有一种特定的风险分析方法，他的分析评估更多是基于直觉的。在他管理麦哲伦基金30年的时间里，该基金的年均收益率为29.2%，是标普500收益率的近两倍。如果一个人在1977年5月31日购买了1000美元的麦哲伦基金，到1990年5月31日，他将收到27 000美元！[1]无论彼得和我对风险的界定是否一致，显然，在确定股票交易规模，把握交易时机，理解交易内涵，持有适度怀疑方面，他已经掌控自如。

我在富达工作的最初几年，彼得做出的最大赌注是La Quinta汽车旅馆。在20世纪80年代，美国人公务出差频率较以往有大幅提升，这从不断新开的航空线路就可以看出。因此，彼得对旅馆住宿部门十分看好。他拥有多只上市酒店公司的股票，这些酒店的 CEO 均对其竞争对手 La Quinta 评价颇高。La Quinta 给彼得留下了十分深刻的印象，他很快便联系了这家公司。

La Quinta 是一家总部位于得克萨斯州的汽车旅馆连锁公司。它的经营模式十分独特，给汽车旅馆行业带来了革新性的影响。该品牌的连锁酒店故意开在距离饭店很近的位置，省去了准备食物的操作间、功能间、厨房，以及装饰浮夸的酒店大堂。通过采取这项策略，La Quinta 旅馆能够以低于传统连锁旅馆 20% 的价格提供更为宽适的住宿服务。由于该品牌连锁旅馆的总部设在得克萨斯，因此很少有资金管理人注意到 La Quinta 的股票。考虑到其盈利情况及增长前景，其股票定价十分合理。彼得购买了该公司的大量股票，在持有 La Quinta 的股票期间，他获得的收益约为最初成本的 10 倍。

彼得洞察到，商务旅行市场将长期处于繁荣期，越来越多的赶路人需要干净、定价合理的住宿服务。对于新的住宿服务提供商来说，这是绝好的进入时机，而 La Quinta 抓住了这个机会，在这一不断扩张的市场中掘得黄金。正是像 La Quinta 这样的股票，为彼得·林奇的传奇纪录奠定了基础。他拥有大量 La Quinta 公司的股票，极大提升了麦哲伦基金的收益率。

我在入职富达投资后不久，便开始研究赌博行业。在亚特兰大新开的赌场外排起的队伍长达半英里（约 800 米），据此彼得认定，美国人都喜欢赌博，他也想从中分一杯羹。度假国际（Resorts International）是美国东海岸的第一家赌场，于 1978 年开门营业。从纽约到费城的游客络绎不绝。不过彼得清醒地认识到，赌博业的中心，还是在拉斯维加斯。

尽管与美国东北部城市相比，拉斯维加斯气候温暖，建筑空间充裕，但在之前的 10 年，拉斯维加斯一直比较萧条。一系列与黑手党相关的丑闻及逮捕事件在美国社会引起轩然大波，为拉斯维加斯这座城市蒙上了阴影。然而，到了 20 世纪 80 年代初期，随着新的赌博行业委员会的成立、更为严格的监管措施的出台，以及 FBI 加大对赌博行业的整治力度，拉斯维加斯的赌博行业得以净化，并鼓励更加主流的市场经营者参与进来。不过，对于是否入主不久之前还与犯罪集团有瓜葛的行业，远在纽约和波士顿的共同基金仍有所迟疑。这也是凯撒赌场（Caesars）、Golden

Nugget、Circus Circus、撒哈拉赌场（Sahara）等赌博公司的股价在低位运行的原因。

我先去了亚特兰大几次，之后一路向西，来到位于内华达州的拉斯维加斯。整个城市较以往风格更为统一，装潢也更为绚丽。我打车来到撒哈拉赌场，看到赌场门口用来招徕游客的大屏幕上打着“欢迎富达投资的凯伦·费尔斯通光临”的大字。一时间，我真想让出租车司机就地返回，另找个地方留宿。

尽管很不情愿，我还是与时任撒哈拉赌场 CEO 的保罗·劳登（Paul Lowden）进行了数小时的会谈，了解了该公司尚不稳固的财务情况，但也确定了该公司即将获得一笔融资。这笔资金将用于建造一座新大厦，翻新赌场的地板，新开一家游乐场，并为其高息贷款提供再融资。尽管涉及的项目十分庞杂，但在经历了多年的停滞之后，当地的州、市政府，以及金融机构均十分愿意为新奇的项目提供资金支持。如果劳登的规划能够实现，那么撒哈拉公司每股 3 美元的股价着实具有吸引力。我拜访了当地的几家银行，建立了估值模型，信心十足地向彼得汇报，认为我们应该大量购入撒哈拉公司的股票。即便撒哈拉的赌场无法实现盈利，随着拉斯维加斯朝着撒哈拉赌场所处的方向发展，单是撒哈拉公司位于 Strip 大道一端的不动产的价值就会不断上涨。

拉斯维加斯即将开启复兴之路，因此，购入股票的时机是正确的。在 1984 年，拉斯维加斯刚刚开始兴建如今那些高耸入天的赌场。1989 ~ 1999 年，拉斯维加斯新建了 Mirage、Excalibur、财富岛（Treasure Island）、蒙特卡洛（Monte Carlo）、百乐宫（Bellagio）、the Venetian 以及 the Paris 等赌场，这其中，每一家都是一个庞大的集团。如今，拉斯维加斯的主干道上高楼林立，很难想象在当时，我从凯撒宫跑到撒哈拉赌场再往返，在这两英里（约 3218 米）的路程中，经常有风从 Strip 大道两侧沙漠一般的空地上吹过来。

我们大笔购入赌场公司的股票，其份额占比足以影响麦哲伦基金的收益率。其他对赌博行业抱有信心的基金也受到了提振。然而，在当时，我们尚不掌握复杂的现代风险管理工具。我们持有某上市公司的股份占该公司总股份的比重，以内部规程允许为前提，在具体数字的制订上较为随意，如 5% 或 10%。如今，无论是专业的还是业余的股票投资人，只需敲击一下键盘，就可知晓精确到小数点后两位的持仓份额占比、相对持仓情况，以及相较于基准的预期收益波动。20 世纪 80 年代，在彼得·林奇掌管麦哲伦基金的时代，我们还无法运用这些工具。不过，尽管 30 年前的基金经理人不会研读关于“主动出击”投资基准的长篇大论，但在当时，也有充足的信息，引导我们该如何配置资金。如果麦哲伦基金持有的赌博公司股票的份额超过了基金总份额的 6%，就说明彼得·林奇认为这个部门大有希望，并愿意为此押下赌注。

彼得对自己所投资的公司有深入的了解，一方面通过自己的直觉，另一方面通过像我一样的分析师。那时，我需要频繁到亚特兰大及拉斯维加斯出差。有时朋友问我去哪里了，大卫会很欢快地回答：“哦，她回拉斯维加斯了。”

我知道赌场内所有桌牌游戏及赌博工具的利润率，我曾花了一整夜的时间，目睹一个人玩巴卡拉纸牌输掉了上百万美元。我曾与赌场老板探讨，从庄家的视角分析赌博的利弊，还与巴利（Bally）的安保队长一起，透过赌场上方的单面玻璃，追踪一个记牌团体。

彼得·林奇不断寻找即将步入爆炸式增长的行业，以及处于动荡中的行业。从 20 世纪 80 年代中期至 20 世纪 90 年代中期，美国的存贷款机构爆发危机，有超过三分之一的存贷款机构被监管者关停，或被迫申请破产。尽管如此，在彼得看来，重仓持有存贷款机构的股票是他做出的最佳重仓投资决策。受过度负债、坏账过多、监管考核不达标等因素影响，美国多个州的银行陷入困境，其中尤以得克萨斯州严重。在国会的重压之下，监管者针对地方性存贷款机构制订了更为严厉的新监管标准，那些存活下来的存贷款机构，其股价也均遭受重挫。

彼得与他的一个小团队一起仔细分析了数百家银行的资产负债表，连最微小的细节性信息都不放过。为了确定监管者在哪些方面较为宽松，在哪些方面较为严格，我的同事们逐一询问这些存贷款机构的行政管理人员，以获取尽可能多的信息。为了达到监管者的要求，多家存贷款机构大幅增加坏账拨备，使账面利润受到了很大冲击。西牛顿储蓄银行（the West Newton Savings Bank）是一家位于马萨诸塞州牛顿郡郊区的存贷款机构，在监管压力之下，该银行贷款资产的账面价值被大幅减记。

在那场清洗风暴中，几乎所有银行的股价都受到了冲击，西牛顿储蓄银行股价的跌幅更是超过 75%。彼得认为，这家银行最终能收回的资金金额，将高于贷款资产的账面价值。麦哲伦基金以低于每股 4 美元的价格大量购入了该银行的股票。1994年，西牛顿储蓄银行被美国富利银行（Fleet Natioinal Bank）收购，收购价将近每股25美元。

在彼得做出重仓持有的决定时，银行的董事会、管理层及其他投资者均十分震惊，并对此持怀疑态度。但彼得·林奇却看到了这些银行股的升值潜力，在20世纪80年代末期，他购入几十家银行及存贷款机构的股票。像所有伟大的投资者一样，他仿佛有一种天生的能力，能够洞察最佳时机，把握机会，在市场远未认识到行情爆发点之前，准确判断未来趋势。彼得能够本能一般地判断多大的权重会影响自己基金的收益率，能够预见哪些行业即将发生重大积极变革，进而将股价推上去。这样的变革可能发生在行业性灾难之后，如存贷款机构危机；可能像拉斯维加斯一样，在清理、重建之后，重新欢迎来自全美国的宾客；可能像电视制造业一样，刚好迎合了美国民众对电视无止境的需求。彼得和我们的分析师十分了解这些公司及行业，但他仍保持高度警惕。对于每一个看起来过于乐观或无法完全说得通的预测数字，他都没有放过。

我仍然记得初入职富达时，资深投资人乔治·范德海登（George Vanderheiden）在一次小组会议中对英特尔（Intel）公司做案例分析。他语气和缓、态度真诚、举止专业。除非他非常了解某一件事情，否则不会轻易发表观点。早在 1983 年，乔治的这一特质就已经很明显了。

在我的职业生涯中，乔治对我帮助很大。1998 年，他选择我作为继任者，接任命运基金（Desting Fund）的管理人。乔治喜欢从市场总体层面谈论市场策略、市场情绪及技术性因素，但像所有天赋极高的基金管理人一样，他在挑选股票时，也遵循同样的理性风险承担原则。

趋势与轨迹

当乔治·范德海登于 1980 年接管命运基金时，他做的第一个决策是重新确定基金中能源股的权重。前任基金管理人将能源股的权重设置得过低，随着石油和天然气公司股票强势领涨所有板块，命运基金的收益率在一年多的时间里都低于基准值。乔治认为，这些股票的股价已经涨至高位，不宜加仓。事后证明这一判断是正确的，石油及天然气股票的股价在一个月之后达到峰值，这也极大地提振了命运基金的表现。

乔治为命运基金大量购入了科技公司的股票，其中多只股票，自他担任分析师时就开始追踪研究。凭借多年的研究经验，乔治发现，电子行业的重大突破往往源自半导体行业的装备制造公司。美国应用材料公司（Applied Materials）、Lam Research、美国诺发系统（Novellus Systems）、KLA Instruments 等公司均具有极强的创新能力，推动计算机芯片的运算速度呈指数型增长。乔治购买了上述所有公司的股票，这些股票在 10 多年的时间内，成为拉动命运基金收益率最重要的力量。

然而，到了 20 世纪 90 年代末期，在令人沉醉的科技泡沫中，乔治对科技股的态度开始有所转变。乔治总是从大局出发，分析市场的估值、情绪及基本面。他的核心思路是避开估值过高、行情过热的股票，在这些板块中，稍有差池就会引发轩然大波。这便是在 2000 年之前科技板块的情况。换句话说，如果一个行业被估值过高，乔治倾向于减持整个板块的股票，就像 1980 年的能源板块一样。

乔治曾做过半导体行业分析师，了解行业的基本情况及专业术语，但他无法认同市场对互联网股票的过度追捧。在他看来，互联网公司的股票被严重高估。他对互联网公司自身的发展持怀疑态度，认为华尔街在 1999 年给出的预期数据完全不切实际。美联储已经开启加息进程，这将对过热的经济起到冷却作用。整个市场在高位岌岌可危，因此，对于他掌管的成长机会基金（Growth Opportunity Fund）中300亿美元的资金，乔治的配置非常保守。

在1999年年末至2000年年初，随着市场指数一再爬升，乔治每天都会质疑自己的决定，但从未想过动摇。根据以往的经验，乔治清楚，如果决定要卖出大型基金中的份额，就要趁早行动。如果一再拖延，待市场觉醒，就很难全身而退了。此外，富达麾下的基金持股数额非常大，单是富达的卖出操作，就会对股价造成影响，从而进一步强化市场中已有的趋势。当纳斯达克在2000年1月达到顶点时，乔治持有的重仓股包括U. S. Trust和菲利普·莫里斯公司（Phillip Morris）等老牌股票。

在1999年，乔治保守配置投资组合是正确的决定，但是他仍告诫我，要时刻谨记一个非常重要的理念：以趋势为友。从市场的角度来看，就是说，市场中价格趋势的持续时间，一般比理性投资者预计的要长。市场情绪更多的是心理性因素，很难被量化，但会对市场趋势产生重要影响，不应被忽视。乔治承认，自己有时对市场情绪的重视程度不足。市场情绪可能与消费者对豆豆娃娃（Beanie Babies）的追捧有关，可能与《考斯比一家》（*Cosby Show*）获得了银团贷款有关，也可能被全世界仅有1000位患者的罕见病获得治疗药物带动。

市场趋势会被市场情绪带动，驱使投资者在上涨行情中支付高额溢价。而几年后，在经历了销账、破产、崩盘之后，所有人再回过头来看，又觉得当时的局势已然明朗，只怪自己一时糊涂。我觉得乔治对自己要求太高了。投资者不可能精准判断市场顶点，乔治的长期收益表现已经表明，他非常善于判断市场泡沫的存在。

在 2000 年市场崩盘期间，乔治的表现优于大多数基金管理人，包括我。他很好地保护了投资者的利益。我所访谈过的所有 50 岁以上的知名投资人，都将互联网股票的疯狂上涨及之后的崩盘列为自己投资生涯中最惊心动魄的一段时期。事实确实是这样，无论他们操盘的结果是成功还是失败。作为基金管理人，我很大的遗憾是没有像乔治一样在科技泡沫破裂之前全身而退，我的怀疑主义精神还是不如乔治的强烈。

传媒大师

从 20 世纪 80 年代起，我开始追踪媒体及娱乐板块的股票。那时，戈登·克劳福德（Gordon Crawford）的名字就经常被公司高管及华尔街的分析师提起，他们将戈登的投资决策作为买入的风向标。他们会悄声耳语："你知道吗，美国资本集团（Capital Group）的戈登重仓持有了这只股票。"

戈登于1971年加入总部位于洛杉矶的美国资本集团，并幸运地成为洛杉矶明星行业的分析师。合理运用知识是实现理性风险承担的关键因素之一，除此之外，熟识行业中核心企业的创始人及运营团队也非常重要。我曾连续多年追踪生物科技板块的股票，与哈佛及麻省理工的生物科技界大师都建立了非常好的关系。当他们参与成立新公司或加入科技咨询委员会时，我会询问支撑新项目的科学原理是什么，以及其他主要参与者还有谁。在世界电影制作中心，作为该地区唯一一位共同基金公司的娱乐行业分析师，戈登也有着同样的便利条件及优势。

美国资本集团与富达投资的运作模式完全不同。在美国资本集团，行业分析师负责制定所有基金中该行业部分的投资决策；在富达投资，多行业基金的投资决策完全由基金管理人制定，并由行业分析师向基金经理人提供股票推荐信息。在戈登看来，他的职责是寻找行业中定价合理、潜力无限的公司，锁定目标后，美国资本集团的持股比重通常会占到该公司总股本的 10% 以上，并将购得的股票配置到各个成长型基金中。

像很多我访问过的投资者一样，戈登并不会刻意去规划风险的规模，而更在意公司的升值潜力。一旦他锁定投资目标，单只股票在基金中所占的份额通常会达 3% ~ 5%。

大部分美国人可能已经不记得有线电视出现之前的日子了。那时，美国只有三个商业电视网及公共广播台。在 20 世纪 70 年代，有线电视绝对是新兴事物，戈登成为该领域的投资专家。他注意到，很多投资者目光短浅，只知道抱怨有线电视公司盈利额太低，但却没有梳理清楚这一新兴行业的运营规律。如果一家有线电视公司赢得了某一城市的有线电视合同，该公司需要投入重金建造能够覆盖全市的有线电视基础设施，并下大力气推广营销。因此，在最初的几年，有线电视公司会出现亏损，但随着用户越来越多，利润也会越来越高。一个项目成熟之后，有线电视公司可能会在别处兴建新的有线电视项目，从而又将利润额拉低。但最终，有线电视行业整体一定会实现盈利。

此外，美国联邦政府还为有线电视行业出台了重大利好政策，为今后长达数年的增长奠定了基础。1984年，联邦政府出台《有线电视通信政策法案》(the Cable Communication Policy Act)。该法案允许有线电视运营商在明确划定的地理区域内开展垄断性经营，并享有自由定价权。有线电视公司认为，如果在先驱者完成基础设施建设之后，其他企业能够自由进入市场并与之展开竞争，那么，将不再会有企业愿意承担基础设施建设工作。美国联邦政府对这一观点表示认可。我自1986年开始跟踪研究有线电视公司的股票，那正是该行业公司扩张增值的黄金时期。彼得·林奇的麦哲伦基金还有富达的多只基金，与戈登的基金一样，都重仓持有该板块的股票。

戈登意识到，娱乐行业的输出和消费模式已经发生了重大变革。在这段时期内，戈登的基金大量持有康卡斯特、Tele Communication Inc.（TCI）、Daniels、Charter、Cablevision等公司的股票，持股份额占公司总股本的比重均不低于10%。此外，他还大量持有影视制作公司的股票，如华纳通信（Warner Communications，不久之后与时代集团Time Inc.合并）、华特迪士尼公司（the Walt Disney Company）、MCA环球公司（MCA Universal）等。这些公司制作的节目将各个新开的电视频道填满。

TCI是当时美国最大的有线电视运营商之一，同时还是多个影视制作公司的股东。约翰·马隆（John Malone）是TCI公司的CEO。为了规避政府的反垄断监管，约翰·马隆决定将TCI公司拆分。根据他制订的分拆方案，TCI的股东均持有股票转换权，只需额外支付一笔现金，就可将TCI的股票转换为新公司美国自由传媒（Liberty Media）的股票。新公司自由传媒将拥有14个有线电视运营网，此外，还将拥有多个有线电视频道及其他影视节目制作公司的股份。这其中包括Black Entertainment Network（BET）、美国经典电影有线电视台（American Movie Classics，AMC）、特纳广播公司（Turner Broadcasting）、Home Shopping Network的部分股权，以及另一家电视购物公司QVC的大部分股权。

像约翰·马隆的多项市场操作一样，这次的拆分操作也是异常复杂的。拆分说明书的内容长达几百页纸，戈登从头至尾读了至少三遍。在说明书的附录部分有一张表格，表格中列出了自由传媒对其自身所持资产的真实价值的预估。戈登注意到，若以表格中的数字计算，新股东享受的流动性折价竟高达35%。

根据说明书中的内容，戈登发现，约翰·马隆将成为新上市公司自由传媒最大的股东之一。出于直觉，戈登知道，自己及团队应全额行使转换权。戈登在 TCI 持有的股份，可转换为新公司 13% 的股权。

或许是 TCI 的股东没有理解拆分换股的意义，或许是担忧马隆的新公司债务规模过大，TCI 公司向股东发出的转换权，只有约三分之一被行使。这样一来，美国资本集团将拥有自由媒体 43% 的股权，远高于基金内部股权占比限额。这样的情景也超出了戈登的预料，不过，他又仔细核对了自由传媒的营收预期，认为美国资本集团应该保留所有的认购股票。美国资本集团的律师审核了购股申请，并认定，由于戈登换购的股票所享有的投票权级别较低，因此，戈登的操作并不违反美国资本集团关于投票权限额的规定。紧张等待了几天之后，换股交易终于完成。

在之后的两年内，自由传媒股票的价值，从最初的每股 256 美元，升至惊人的每股 3700 美元；在五年内，股价更是涨了 20 倍！对于戈登来说，这是其投资事业的点睛之笔，奠定了其在投资界的地位，也体现了理性风险承担的原则。戈登认真研究了自由传媒的换股说明书，捕捉到关于资产价值的重要信息，尤其是公司的 CEO、传媒界最精明的投资人约翰·马隆也在大举买入。在此基础上，戈登敢于重仓持有自由传媒的股票。

对于其投资生涯中最重大的失误，戈登也坦然面对。戈登曾十分看好并亲自参与了美国在线与时代华纳公司 2000 年的合并，这起合并后来成为互联网泡沫的典型案例。作为一名具有 30 年从业经验的传媒板块分析师及投资者，戈登十分了解娱乐业、出版业及有线电视行业的运营情况。尽管如此，他还是轻信了一家自己并不熟悉的公司，这家公司的互联网业务占公司市值的一半，但戈登对互联网业务完全不了解。直到今日忆起此事，戈登仍会懊恼不已。当时，戈登被美国在线时代华纳公司（AOL Time Warner）的管理层说服，认为合并将为公司带来极大的发展机遇。他放松了警惕，没有加以怀疑。然而，预期中的协同效应并没有显现，该公司的股票随之崩盘。

戈登很快便振作起来，作为美国资本集团的投资组合管理人，再次取得了巨大的成功。他于 2012 年退休，在退休前，他的最后一项重大投资决策是以每股 60 美元的价格购入了 Netflix 10% 的股份。而在此之前，Netflix 的股价曾升至每股 300 美元的高位。戈登认为，Netflix 流媒体的模式将在全球取得巨大成功，但就像有线电视行业一样，在初期会投入较高的成本，进而影响到利润表中的利润数字。Netflix 在流媒体领域充分发挥了其巨大的先发优势，但在初期也投入了不少资金。戈登·克劳福德的投资决策十分正确，自他购入 Netflix 的股票以来，Netflix 的股价涨了 10 倍不止。

投资大师们对于理性风险承担有着天生的领悟能力，我们只能通过观察逐渐学习。他们对自己投资的公司及板块有着深刻的了解，本能一般地怀疑其他人的预测数字，只相信自己的研究分析。无论是彼得·林奇、乔治·范德海登，还是戈登·克劳福德，他们都在从业的几十年间展现了非凡的投资技能，破译的市场信息迟早被市场认可。他们从汽车旅馆、赌场、银行、半导体制造、有线电视、视频流媒体服务等领域中发现巨大的投资机会，在确定投资规模及投资时机时小心谨慎，但又信心满满、无所畏惧。

第四部分

生　活

Even the Odds

第 13 章

逆　　境

一天到晚，我们都面对各种程度的风险。当按下闹钟的“小睡”按钮，与孩子们共进早餐，或多看一篇报纸上的文章时，我们知道，与按时起床，抓紧时间出门相比，自己很可能将陷入更加严重的交通堵塞。遭遇交通堵塞虽然让人烦躁，但还不至于造成严重后果，除非在早上 8 点有重要的会议要参加，多在家磨蹭一会儿可能就会影响准时出席。我的同事在早晨通勤路上经常交流即时所想，比如是不是把狗忘在外面了，家里的后门是不是没有关，到底该骑自行车还是坐公交车上班。

在我们很小的时候，就开始评估风险了。一名六年级的小学生，如果他在该做数学作业的时间看电视，就面临被老师检查，当众出丑的风险，或者父母因发现他谎称自己完成了所有作业而火冒三丈的风险。在商学院时，我经常想，如果今天已经被教授抽检过了，我还要不要准备明天的案例分析作业。我虽然不是模范优等生，但也不想冒险当众承认没有研读案例，这也反映了我的学习习惯。不过我的很多同学并不这样认为，他们愿意赌一把：如果在之前的一天刚被抽查过，他们就不再为第二天的课程做准备了。

而在我看来，尽管第二天再次被抽查的概率很小，但万一被教授发现没有研读案例，则可能会导致这门课不及格。这样想来，多一个小时的自由时间就不值得我冒这么大的风险了。

强硬应对

我们一生都在衡量风险与收益。海伦·福斯特（Helen Foster）[⊖]如今是纽约一家顶尖律师事务所的高级合伙人。多年前，还未从法学院毕业时，她发现自己怀孕了，并第一时间告知了正在应聘公司负责招聘的合伙人。公司表示理解，并将她安排到并购部，该部门由并购领域非常知名

⊖ 此处为化名。

的一位律师领导。她知道，待自己休完产假，将回到这个部门继续工作，或被分配到别的部门。在并购部，她将与多位具有几年工作经验的同事一起工作。

其中一位同事叫兰迪·布朗特（Randy Blunt）㊀，他与该部门负责管理的合伙人关系十分密切。海伦越来越厌烦与他共事，更糟糕的是，海伦的办公室与兰迪的办公室之间只隔一个小过道，她能听到兰迪高嗓门说出的每一句话。

海伦能够感觉到，出于某种原因，兰迪并不喜欢她，甚至将她当作一个大麻烦。在这家公司，只有一位合伙人是女性，普通职员也以男性为主。海伦意识到，兰迪对职场女性带有歧视态度。为赢得兰迪的好感，海伦试过各种方法。她会主动去征求兰迪的意见，听取他的观点；在部门讨论时，她提出自己的观点并寻求兰迪的支持。然而，兰迪甚至都不看她一眼。

在之后的几个月，海伦试着去忽略兰迪忽视她这件事情。然而，到了8月末，随着她的肚子越来越大，兰迪也变本加厉起来。兰迪开始言语侮辱海伦，总是使用“母牛”“胖猪”，甚至更难听的词语。有时，海伦和兰迪在各自

㊀ 此处为化名。

的办公室，海伦却能够听见兰迪对着电话叫嚷："那只母牛刚走进她的办公室。"

海伦从未对公司的任何人说起这些事情。她害怕如果她四处去说，别人会把她当作麻烦精，甚至认为她说谎。在 20 世纪 80 年代初期，性别骚扰还未被归为攻击性行为，对于女性本身及雇用女性的企业来说，性别平等还未被列为社会发展目标。如果海伦向其上司提出控诉，她的上司也不知该如何处理此类问题。海伦并不责备公司没有人站出来为她说话，他们或许没有注意到，或许注意到了却不知该如何去做。

兰迪比海伦早很多年入职，与公司并购部门的管理合伙人关系密切。他在公司一呼百应，这或许与他颇具震慑力的交往方式有关。不过，公司里也没有人认为海伦是那种过于敏感的人。她乐于和公司的人开玩笑，并不十分在意。但兰迪的言语攻击并不是同事间的玩笑，他的行为既卑鄙又恶毒。一天晚上，兰迪又以非常令人作呕的方式挑衅她。她回到家哭了起来，将兰迪的事情告诉了丈夫保罗（Paul）。她对保罗说，自己真的无法继续忍受下去了。她不知道自己该怎么办，但必须要采取行动了。

保罗给了海伦非常棒的建议。他说，兰迪就是欺负人，所以海伦必须要回击，强硬应对。他告诉海伦应该在第二天径直走进兰迪的办公室，对兰迪说："如果你再招惹我，你会后悔的。"起初，海伦觉得保罗的建议很可笑。她认识的人中，没有人能够收拾得了兰迪，哪怕是她丈夫，打起架来都不是兰迪的对手。保罗每天都穿西装工作，他的客户都是穿着考究的上层人士。

保罗告诉海伦，怎么收拾兰迪并不是考虑的重点。海伦只需阔步走进兰迪的办公室，无所畏惧地看着他的眼睛，说完那些话，然后转身走出去。海伦并不确定自己能够做到这些。如果兰迪当面嘲笑她，更加无所顾忌地侮辱她怎么办？兰迪能使她的处境更加糟糕。然而，当前海伦的处境已经十分糟糕了，她深受兰迪困扰，甚至已经影响到工作效率。海伦不能允许兰迪影响自己的事业，她必须有所行动。尽管海伦认为保罗的方案既不成熟，又很野蛮，但她也没有别的选择。她决定听从保罗的建议。

第二天，海伦等到了行动的时机。她与兰迪共同参加一个会议，共同汇报一个案子的进展情况。轮到海伦发言时，兰迪与他右边的同事耳语了几声，还翻了白眼。会议结束后，海伦与兰迪回到各自的办公室。海伦为自己打气，做了深呼吸，从椅子上站起来，径直走向过道对面兰迪的办公室。她在离兰迪办公桌很近的地方停下来，直视着兰迪的眼睛，告诉他："兰迪，如果你再有一次，记住，是**再有一次**侮辱我，你会后悔的。不要挑战我的底线。"说罢，她转身回到自己的办公室，满身是汗。

整个过道里十分安静。五分钟、十分钟过去了，海伦什么都没有听到。那天之后，兰迪再也没有侮辱过海伦。他偶尔也会与海伦说话，但从未提起海伦威胁他以及在那之前发生的事情。海伦休完产假后，兰迪甚至还问她宝宝的情况。几年之后，兰迪离开公司，搬去了洛杉矶。

当局势变得令人难以忍受，且你已经没有特别好的办法时，你要做的就是立即行动。海伦意识到，随着自己体重的增加，兰迪的攻击只会变本加厉。这使得海伦在工作时很难保持自信并集中精力。也许有人说，海伦应该向上级领导说这件事情，或者去找兰迪理论，但并没有证据表明上述两种措施会奏效，且都面临着使局势进一步恶化的风险。

我坚信，在使事态升级之前，应该凭借自己的力量解决问题。海伦·福斯特做到了。她采取行动的时机既不盲目也不轻率，她是经过了仔细考虑的。准确把握时机的重要因素，就是精确计算行动的时间，而非被愤怒或冲动冲昏头脑。她的计划确实奏效了，如果没有奏效，她仍可以去向自己的主管反映。她考虑过兰迪是否会向自己的老板或其他人抱怨，不过海伦认为，兰迪这样一个大男子主义的人，应该不会四处去说自己被一个怀孕七个月的女人吓倒了。

幸福满屋

在我的双胞胎艾玛（Emma）和迈克尔 (Michael) 刚刚两岁多一点的时候，我又怀孕了，那一年我 30 岁。对于再次迎来一个孩子，我们十分兴奋，而且超声波显示，这次只怀了一个孩子。那是 1986 年，我正在追踪传媒及娱乐板块的股票，管理休闲及娱乐基金、广播与传媒基金。带着两个孩子在市区住公寓太不方便，孩子们在客厅住了两年，每晚 7 点半后，除非我们在卧室，否则都要轻声说话。因此，我们搬到了郊区居住。

那时我全职工作，请了一位 24 小时的保姆，还有三位祖父母帮忙照看孩子。两个孩子已经使我们忙得团团转，我们知道三个孩子肯定会更忙，但我们也已经做好了准备。

我并不认为再次怀孕会给自己的事业带来太大的影响。

怀孕 5 个月的时候，我去医院进行常规产检，然而血液化验显示结果异常。我的医生让我再做一次超声波检查。当我躺在台上，肚子上被涂满果冻一般的胶状物时，我看向超声波仪器的屏幕，经历了人生中最迷茫时刻。

“有两个宝宝！”我对着医生尖叫起来，听到我的声音她转头看了我一眼又继续看向屏幕。

“你说对了，”她说道，“恭喜，你怀的是双胞胎！”

这几句话彻底改变了我的生活。“我已经有一对双胞胎了，千万别告诉我这次是三个就行。”我感到绝望至极。

接下来 24 小时内发生的事情我已经记不太清了。我拔掉身上的超声波仪器，拨通了大卫的电话，并对他叫喊，好像这是他犯下的错误。他过来接上我，我们直接去了大卫的一位心理咨询师朋友那里，让他帮我平静下来。我感觉自己眼前一片模糊。忽然，我意识到自己就要失去工作，自己的生活将变得不受控制，而非仅仅比现在更忙一些那样简单。

母亲告诉我，我应该暂停工作一段时间，无论这期间有多么重要的工作。四个不到 3 岁的孩子！我不愿去想这会对我的职业生涯产生怎样的影响，而职业女性的身份对于我来说非常重要。但是，如果我继续上班，每天我离开家之后，谁来帮我照看孩子？在过去的两年，我一直与保姆打交道，我知道，为两个婴儿或幼儿找到称职的保姆是非常困难的事情，无论开出的报酬有多高。我决定先不告诉别人我又怀上双胞胎的事情，尤其是同事。我需要时间把这件事情想清楚。

如果暂停工作，我知道我的事业将面临怎样的风险；如果我继续长时间工作并频繁出差，便很难兼顾自己的家庭。对于我来说，这两种选择都不理想。

一周之后，我出差去洛杉矶探访几家电影工厂。我所乘的航班在芝加哥转机，这时，我看到一位非常面熟、穿着考究的女士向我走来，在头等舱找到自己的座位坐下，就在我左边隔着两个座位的位置。我知道自己最近见过她，便努力在脑海中搜索她的名字。这时，她从公文箱里拿出一个大信封，从信封中倒出了大概 50 封信。我忽然记起来了，她是安·兰德斯（Ann Landers），著名的咨询专栏作家。我知道她在芝加哥居住，我还记得这并不是她真正的名字。

这简直太不可思议了，我竟然有机会向一位真正的专家征求意见。然而，我并不想称呼她的笔名。我暗中看着那些信件，集中精神，终于记起了她真正的名字：艾佩·莱德勒（Eppie Lederer）。

“不好意思，请问您是莱德勒夫人吗？”我问道。我并不知道她是否结婚了，决定赌一把。

“是的，我是。”她很有礼貌地答道。

“您介意和我聊一会儿吗？我遇到了一个问题。”我提到。

莱德勒夫人看着我，拍了拍旁边的座位，对我说：“当然可以了，亲爱的。你要不要坐过来，我们来聊一会儿。”这一刻，我永远也不会忘记。

接下来的 4 个小时是我生命中非常重要的 4 个小时。我向她解释了自己非常看重事业，在事业上很有野心，也深爱自己的丈夫和孩子，但是我已经有一对双胞胎了，并即将在几个月后，再次生下双胞胎。我不知该如何是好。

莱德勒夫人说，我的目标是找到令自己满意的应对方式，并将好心情传递给自己的家人。即使这意味着用自己所有的薪水，雇用两个或更多的保姆，也是值得的。这样一来，当孩子们让大卫和我为他们讲故事时，我们仍然可以面带微笑。不过，如果孩子们要求更多的时间陪伴或更多的关注，我也必须调整自己的日程，甚至是生活。这次谈话，对我最有意义的一点是，备受尊崇的个人问题解决专家安·兰德斯认为四个孩子并不意味着我事业的终结。莱德勒夫人还告诫我，对于那些认为我不该继续工作的人，我不必理会他们批评的声音。

下飞机时，我帮她拿了行李。我们交换了名片，她主动要求保持联系。抱着试一试的心态，我约了富达投资的总裁萨姆·鲍德曼（Sam Bodman）谈话。萨姆是富达投资的二号人物，地位仅次于富达董事长内德·约翰逊。我并没有告诉他我即将生下第二对双胞胎，而是问他产假结束后，我能否在富达兼职工作。萨姆对我的情况表示理解，但告诉我富达的职位都是全职的，如果我想继续在富达工作，就必须满足这一要求。不过，萨姆还提出，如果我愿意继续全职工作，他绝不会亏待我。在那之后，我们开玩笑时也会说起这次会谈。萨姆确实提出了不错的待遇条件，我听得非常清楚。也是在那时，我意识到，我必须在兼顾家庭的前提下，衡量自己能为富达付出多少。大卫对我的决定非常支持。不过我向大卫保证，如果一年后这条路走不通，我将重新考虑自己的决定。

在威尔（Will）和安迪（Andy）出生之后，我在家休息了半年。这半年间，我没有关注市场的任何动态。我并非不牵挂市场，而是我实在是太忙，好不容易抽出的自由时间都用来睡觉了。产假结束后，我告诉老板自己即将回到工作岗位，继续行业分析师的工作。我于 1986 年劳动节之后回到富达全职工作。同时，我雇了两位全职保姆，一位是寄宿生，另一位是一名年轻的本地女性——琳达·威廉姆斯（Linda Williams），在这之后，她为我们工作了 24 年。重回职场的前一天，我给莱德勒夫人打了电话，告诉她自己的决定，并收到了她的祝福。在那个年代，如果在家一连休上几年或兼职工作，我绝不会成为大型基金的管理人。公司从未有过此类的政策或先例，因为我是研究部门唯一一个有孩子的女性，更不必说是四个孩子的母亲了。这些年，情况已经有了很大的改观，但那时是 1986 年，我只能尽可能地多争取产假时间，并在休完产假后按时上班。

我尽量控制自己出差的次数，将考察公司的行程集中到一起，而非多次出差。我的工作时间也不像多数男性同事那样长。别人加班的时候，我要在家里叫孩子们起床，送他们上学，保证他们按时回家。如果我的事业因此受到影响，我认为影响都是暂时的。就像艾佩·莱德勒建议的那样，我努力在家中营造舒适的家庭氛围。也许会有人认为，我把自己当作平衡工作与生活的典范。但我并没有这样认为。我不是任何人的典范，我只是安排好了自己的工作与生活。我是一名工作非常努力的专业投资者，同时希望自己能成为一位好妻子、好母亲。

莱德勒夫人与我一直保持着联系。我们都在纽约出差的时候，会相约在麦迪逊大道喝茶；同在洛杉矶出差时也会相聚，那里有她的好友。我还拜访过她位于芝加哥能俯瞰密歇根湖的美丽公寓。有一次，她让我帮忙检查一下她的投资组合，经过多年的积累，她为自己配置了很不错的股票组合。

莱德勒夫人给我的建议，改变了我的生活。这份建议事关重大，涉及我的事业与身份认同。那时，我是一名事业心极强的年轻女性，从未想过会在30岁时生育4个孩子。然而，生活就是和你开了这样的玩笑。面对这一挑战，对我来说，没有什么比进行一些理性分析更重要了。

我与莱德勒夫人的相遇纯属偶然。然而，我自己也想象不出更好的时机与艾佩·莱德勒进行面对面的交谈了。那时，我处于孕后期，肚子里是即将出生的第三个和第四个孩子。我迫切需要一个应对策略。她敦促我要时刻关注自己在家时的心情。我知道自己终将投身于工作，但也要注意自己的决定对各方的影响。最后，她建议我对其他人的评价保持警觉。有时别人会说“你究竟是怎么做到这些的?”我试着不去往负面的方向理解，而是微笑着回答，我有一个非常棒非常支持自己的家庭。事实也的确是这样的。

海伦与兰迪的遭遇，以及我和莱德勒夫人的偶遇是性质完全不同的两个事件，不过都体现了理性风险承担的一些原则。每当遇到关键节点时，我们都应立刻行动，以免模糊焦点。我们应避免冲动行事，而应通盘考虑。遇到风险时，我们应谨慎行动，从而准确把握行动时机，并从可以信赖的途径获取建议。

第 14 章

走钢索的人

有很多人故意去冒很大的风险，这些人中，有投资者、创业者、公司管理者，或只是普通人。有时，他们没有考虑清楚可能会出现的最坏结果，没有遵从理性风险承担原则。在制定决策时，我们应仔细考虑可能出现的最坏结果，以及万一出现最坏结果，将如何影响我们的生活。想到这里，如果心中“咯噔”一下，或许我们就应慎重考虑了。

异类

盖瑞·贝尔索普（Gary Belthorpe）[1]看上去并不像一个喜欢冒险的人。他看上去很开朗，体型中等，穿衣打扮没有什么特别，只是喜欢穿与其高薪职业并不相配的帆布鞋。

[1] 此处为化名。

尽管这几十年来在华尔街声名显赫，但他并没有得意忘形。他在回答别人的问题之前，总是会思考很长时间，以至于提问者怀疑他是不是没有听到问题。当他终于开口说话时，他总是低着头，将头埋于一只手中，好像地板能够给予他灵感。多数人认为他是一个善于数学运算的人，然而，很少有人知道他喜欢冒险。在过去 30 年的时间里，他持续在高风险中游戏人生。

我是在 1992 年认识盖瑞的。那时，我刚刚开始掌管富达的生物科技精选基金。一位同事告诉我，盖瑞是来自洛杉矶一家小经纪公司的生物科技分析师，他能够提供很棒的行业信息，不过他和别人有些不太一样。那时，富达的分析师及基金管理人一般从高盛、雷曼兄弟这样的纽约投资银行获取信息支持，或是与旧金山的资讯公司合作，因为多家生物科技公司聚集在旧金山湾区。

盖瑞不仅工作的地点与别人有所不同，在其他方面也是个异类。不过，他的早年经历与多数华尔街成功人士并无不同。他来自新泽西的一个中下层犹太家庭，拿到了哥伦比亚大学的全额奖学金，并于 1970 年在斯坦福大学获得博士学位。盖瑞在斯坦福时的很多朋友，后来成了生物科技公司的创始人。

在 UCLA 的数学系工作几年之后，他决定换一种活法。与很多数学家一样，盖瑞还是一位极其有天赋的音乐人。他在洛杉矶的一家广告公司找了一份编写广告歌曲的工作。他成功转型为音乐制作人，在 20 世纪 80 年代，参与了多首流行热曲的制作。直到现在，每当电台播放这些歌曲时，他仍能收到版税。

在娱乐行业工作了 10 年之后，盖瑞决定再次换工作。这时，他已经赚了不少钱，并积累了一定的财富。他的妻子是一名成功的会计，他们在西好莱坞育有一个儿子和一个女儿。盖瑞厌烦了广告歌曲创作，并对股票市场产生了浓厚的兴趣。

盖瑞发挥数学与科学方面的特长，致力于投资新兴的生物科技行业。他被人体组织的复杂性深深吸引，想弄明白生物科技这一新兴学科怎样通过细胞分子技术，对需要修复的人体机能进行强化、阻拦或改造。盖瑞自学了免疫学、病毒学及分子生物学的课程，也了解了通过酵母菌及中国仓鼠卵巢细胞生产药物的过程。

与其他行业分析师不同，盖瑞的厉害之处在于他能够计算出一种新药在临床实验中达到 FDA 要求的统计显著性的概率。FDA 希望能够确定，临床被试取得好转有 95% 的概率与随机事件无关，也就是说，将随机事件影响实验结果的概率控制在 5% 以内。

在生物制药领域，达到 FDA 要求的统计显著性非常困难。大部分进入第一阶段临床实验的新药物，在远未到达第三阶段临床实验之前，便以失败告终。像默克（Merck）和礼来（Lilly）这样的大型制药公司雇用了大量博士来进行临床实验设计，以期新研制出的分子药物能够通过监管机构的审查。盖瑞综合运用其统计学、概率学、分子生物学的知识来对生物制药公司进行分析评估，在这一行业，押注新的化学复合物是开发新产品的唯一途径。

我刚认识盖瑞时，他还在洛杉矶的一家小型投资银行担任研究分析师。富达与盖瑞供职的公司进行合作，购买盖瑞的研究成果，从而给富达的生物科技基金给予信息支持。由于生物科技公司的发展前景好坏与其主打新药是否过审息息相关，因此，对于盖瑞提供的帮助，我非常感激。

卖空操作

盖瑞是生物科技领域最优秀的分析师。他了解其中的科学原理，但更重要的是，他知道如何对一个临床实验的设计及结果进行分析，知道从何处寻找问题，在何时保持高度怀疑。如果一项关于哮喘药物的研究显示，该药在新英格兰地区的治愈人数比在其他地区要高出一倍，盖瑞会注明在美国东北部，胸腔内科医生的数量是其他地区的两倍。这可能会使实验结果产生偏差。

盖瑞教会我在药物的疗效存在不确定性时，该如何怀疑。制药公司通常通过核磁共振技术来确定是否存在感染。如果病人在接受一种新抗菌药物治疗之后，肺部影像显示感染减少了 70%，盖瑞会访问那些肺部影像有所好转的病人，询问他们是不是确实觉得舒服一些了，是否能够投入更多的时间去工作或学习。一项替代指标的好转并不能完全说明药物的有效性，制药公司还要开展胜算更低的临床实验。我在解读药物实验及判断其对股价的影响方面越来越有心得。这多亏了盖瑞和我一起花费数百小时的时间研究实验数据。

为尽可能多地掌握情况，我们经常一起去参加医学及科学研讨会。我们一直等到研究结论环节才离场，然后与调查员讨论药物的药性原理及其在市场面临的竞争情况。这些信息都是公开信息，但解读起来一般比较困难。如果盖瑞基于他收集的信息判断一种药物会成功，这种药物一般就会成功；如果他判断一种药物会失败，这种药物一般就会失败。

盖瑞通过自己的研究极大提升了自己的收入水平，凭借一己之力成为一名非常成功的投资者。他的投资收益率非常高，尤其在卖空操作方面。卖空者押注一只股票的价格会下跌。如果盖瑞的分析表明一种新药将以失败告终，他可能会进行卖空操作。如果我们共同研究了一家公司，而富达刚好没有持有这家公司的股票，我就有权限跟进卖空。盖瑞的卖空规模一般比我大很多，我真不知道在赌注这么大的情况下，他晚上是如何睡着的。在那些年里，我在卖空方面的收益率也非常高。有一年，盖瑞的收益率甚至超过了 4000%。他总是对别人的预期持怀疑态度，除非他能够亲自证实；只有对相关研究有了完整的了解时，他才制定投资决策。他从不在自己尚不确定的情况下押下赌注。

盖瑞最成功的卖空操作是在 20 世纪 90 年代卖空森托科（Centocor）的股票。森托科公司一度是华尔街的宠儿，那时森托科正在全力研发一种治疗败血症的特效药 Centoxin。败血症由有害菌引起，会引发全身器官衰竭。

抗生素是治疗败血症的传统疗法，但治疗效果并不好。研发治疗败血症的特效药的主要挑战在于，从严格意义上来讲，败血症并非一种疾病，而是一种症状。每一位败血症病人同时患有其他疾病，如癌症、烧伤或重大创伤。

森托科与其主要竞争对手 Xoma 公司同时进行类似的临床实验，希望运用一种单克隆抗体阻碍一种名为细胞介素的蛋白质形成，而细胞介素会引发全身感染，从而导致败血症发生。流行的观点认为，阻碍细胞介素形成，将避免败血症并挽救病人的生命。

当时，这两家公司正在为争夺同一种抗体的专利权而打得难解难分。盖瑞仔细研究了所有动物及人体实验的报告，认为所谓的疗效只是偶然事件。他发现，在动物实验中，大多数接受治疗的狗都以死亡告终。而 Xoma 公司的律师公开披露的信息显示，患有败血症的狒狒接受治疗后，也全部死亡。华尔街忽视了这些实验信息，但盖瑞知道这些信息事关重大。在那时，大家对败血症的病理知识了解太少，从而忽视了药物疗效欠佳的证据。

在 1992 年年初，尽管 FDA 顾问委员会对森托科公司的新药 Centoxin 给予了积极的评价，但盖瑞仍以每股约 60

美元的价格卖空了该公司的股票，数量为 4 万股。在那之后，森托科公司经历了一系列的挫折，其中包括 FDA 宣布没有充足证据支持森托科的新药，且该公司在欧洲的一项研究也陷入停滞。森托科的股票狂跌 90%，跌至每股 6.63 美元。这次卖空操作为盖瑞带来了 200 多万美元的收益。然而，他每天工作 16 个小时，还要频繁出差。这导致他的第一段婚姻走向终点。

在 1995 年，盖瑞被一家华尔街知名公司收入麾下，并从洛杉矶搬至纽约。到 20 世纪 90 年代末，他的年薪已达数百万美元。此外，他自己还进行投资操作，这都为他带来了大量的财富。尽管那时，我所掌管的基金已经由生物科技及医疗基金转向大型综合型基金，但我们仍然经常联系。

生物科技与互联网、电信科技一样，都是 1999 年市场虚假繁荣的代名词。在那段市场中充斥着盲目乐观的时期，尽管股票价格一高再高，但盖瑞时刻保持清醒，坚持执行卖空操作。市场于 2000 年崩盘之后，他继续入场寻找卖空机会。但这次，他没有遵守自己一向奉为圭臬的风险承担原则。

局势失控

盖瑞对一种名为他达拉非（Tadalafil）的药物很感兴趣。这种药物由 Icos 公司研制，主治男性勃起障碍。Icos 公司由乔治·拉斯曼（George Rathmann）及大卫·布莱克（David Blech）共同创立。其中，乔治·拉斯曼也是美国安进公司的共同创始人，而大卫·布莱克则是备受争议的企业家。他曾是知名的生物科技股票推进者，但 1998 年因涉嫌股票操纵而接受调查，并被迫关闭自己的 Blech & Co 股票经纪公司。[1]在 2013 年，他因证券欺诈被判入狱 4 年，但在 21 世纪初，他仍被认为是极有远见的投资人，他投资的新基医药（Celgene）、Neurogen 等创业公司都是成功的案例。他与行业巨头拉斯曼联手，使得专注生物科技板块的投资者们跃跃欲试。

盖瑞一直都不看好他达拉非能够过审。在该领域，万艾可（Viagra）已经具备很好的疗效，且改善生活质量的药物从来都不是 FDA 优先批准的对象。此外，凡是看过西力士（Cialis，即他达拉非的药品名）广告的人都知道，西力士的副作用很多。西力士在血液中的半衰期要远长于万艾可，这虽然能够多延长药效几个小时的时间，但有时这并没有必要。突然的听力丧失及失明都是可能会出现的症状，这些在第三阶段临床实验之后均被披露。尽管他达拉非确实有效，但盖瑞确信它不会通过 FDA 的审查。

在 2003 年夏末，盖瑞开始以每股约 30 美元的价格卖空 Icos 公司的股票。在 FDA 审查结果公布前的几个月里，Icos 公司的股价波动剧烈。在此期间，盖瑞将其做空的规模扩大至 12 万股。Icos 的股价在 9 月又经历了一波上涨，盖瑞见势将卖空的规模加倍。相对于其净资产，盖瑞已经承受了非常大的风险。

当你购买一只股票时，你最多损失购买时支付的金额。比如你以每股 10 美元的价格购买 100 股股票，你最多会损失 1000 美元。

卖空操作就不一样了。如果你以每股 10 美元的价格卖空 100 股股票，理论上来讲，损失金额可能会高至无穷大。卖空者需要事先借得股票，并在未来某个时点再还回去。卖空者希望购买价格会很低，然而，最终的购买价格可能会高至最初卖空价格的数倍。

盖瑞之前的卖空操作非常顺利，从未遭遇过强行轧空（short squeeze）。轧空指的是股票出借方向卖空者索要股票，卖空者必须从公开市场中购入股票。这时，股票的价格通常会大幅高于卖空的价格，且大量购买又会进一步推升股价。

Icos 的股价升至每股 35 美元以上，紧接着又突破了 40 美元。这时，盖瑞彻底睡不着了。他需要向保证金账户中存入更多保证金，来安抚对手方经纪人。在 2003 年 11 月，意想不到的事情发生了。FDA 通过了对西力士的审批。Icos 的股价升至每股 43 美元，盖瑞不得不承认做空失败，并进行平仓操作。在这次卖空交易中，盖瑞个人损失了 200 万美元。与此同时，在第一段婚姻结束之后很快便开始的第二段婚姻也以失败告终。

有时，我也会和盖瑞探讨这笔卖空操作到底是哪里出了问题。为何他完全不考虑风险规模因素，押下与其净财富如此不相称的赌注？经过反思，盖瑞认识到这笔卖空操作与他以往的操作有所不同。在以往的卖空操作中，他应用数学及科学手段来分析一种药物是否会通过临床实验证明其有效性，一贯遵循其十分严谨的分析方法。

而在这次的卖空操作中，Icos 已经证实了药物确实能起作用。盖瑞偏离了其擅长的领域，转而判定 FDA 不会批准与万艾可十分相近的改善生活质量的药物。在这里，他没有完全把握 FDA 的职责，其中一条便是为医生及患者同时提供多种备选药物。此外，盖瑞认为西力士的副作用将影响其过审。然而，在此之前，他从未基于药物的副作用而卖空股票。事实证明，这是一次严重的误判。

盖瑞被过往的辉煌战绩冲昏了头脑，没有像以往一样进行严谨的风险分析。他不但没有发挥自己善于分析临床数据的长处，而且做空的规模过大，远超出其承受范围。此外，他还因自己的婚姻问题而无法集中精力，他应该意识到自己的精神状态无法满足高负荷研究工作的要求。作为数学高手，他对于自己在一次对赌中可能会输掉数百万美元竟毫不在意，这简直令人难以置信。事实是，他根本就没有对局势加以理性分析，他这样做已经有了赌博的性质。另外，所有优秀的投资人都有一种通病，就是他们总是认为不利的局势必将出现转机。

尽管遭遇了巨大的损失，但盖瑞并没有就此消沉。几乎是在卖空 Icos 的同时，他以每股 7 美元左右的价格购买了大量菲利普·莫里斯（Philip Morris，股票代码为 MO）公司的股票。那时，烟草行业刚刚与美国司法部达成 1000 亿美元的和解协议，MO 公司的股价因此大受打压。盖瑞对该公司的财务状况、资产状况及市场分布进行了详尽的研究，否定了当时流行的观点，认为 MO 不会因和解协议而受到拖累。尽管在西方国家，烟草消费呈下降态势，但在新兴市场，烟草消费仍在攀升。他也劝我买入 MO 的股票，但我实在无法说服自己涉足烟草市场，我认为这可能会是一个错误。

盖瑞买入 MO 的投资决策当时看来无比惊险，这却成为他投资生涯中最大的意外收获。后来，菲利普·莫里斯更名为奥驰亚（Altria），其股价一路升至每股 50 美元。奥驰亚的两个食品子公司卡夫（Kraft）及亿滋国际（Mondelez）为最初菲利普·莫里斯的每股股票增加了 160 美元的价值。这两项加起来，盖瑞最初 7 美元的投资如今已升至 210 美元，在这 12 年间，收益率达到 2900%，此外还有不菲的分红收入。

盖瑞又一次结婚了，这次结婚的对象是一位娴静的女子，她完全能够理解并体谅盖瑞近乎偏执的性格。他们非常般配，希望他们能够白头偕老。我曾问过盖瑞，他没有遵循自己惯用的分析方法，是否源于对风险的偏好。他的回答很有意思：

我认为，有些人承担的风险过大，有些人承担的风险过小。但是风险的大小往往和最终的结局无关。我的两位曾祖父放弃了波兰简朴而稳定的生活，承担了巨大的风险，两手空空来到美国。从某种意义上来说，这是一场巨大的赌博，未来充满未知。来到美国后，他们二人都投资于房地产，在大萧条时期损失惨重，但之后都赚回损失，并过上了富足的生活。他们的兄弟则选择留在波兰的小镇，在那里他有漂亮的房子，有经营状况很好的企业。然而，他、他的姐妹以及他们的家庭都死于纳粹屠杀。

我们需要采取一贯的风险分析框架，以避免麻痹大意。过往的成功并不能保证未来的收益，所有的投资公司在广告中都会提醒我们注意这一点。如果不充分运用自己的风险分析能力，我们将面临更大的损失金钱、声誉、自信的风险。对于盖瑞来说，幸运的是，他回归了自己最擅长的领域，在深入分析的基础上，对流行观点加以怀疑，而这也正是他最初取得成功的主要手段。

第 15 章

跑　　步

在日常生活中，我们都面临着各种风险。但通常来讲，这些风险还不足以使我们改变自己的生活规律。对于这些风险，我们经常是在潜意识中就做出了决策。每天早上五点半，我都会外出跑步。路上又黑又冷，这便是我每天应对风险的开始。很多人都认为我每天那么早跑步，一定是疯了。很可能会有人埋伏在路边的树丛中，忽然跳出来袭击我。

在那些担忧我安危的朋友及熟人看来，我是在冒生命危险。但在我看来，我所面临的风险不过是可能会擦伤膝盖罢了。在 30 多年的晨跑生涯中，我从未遇到过任何人或任何事物的打扰，最多也就是遇到周六晚上派对结束后在路边长椅上宿醉睡觉的年轻人。跑步时，我至少会带上一只西班牙猎犬做我的晨跑伙伴，我相信我的狗能保护我。幸运的是，我还没有遇到过需要我的狗挺身而出的情况。

其实，我更担心我的狗——吉利（Jillie）。跑步时我不会给它套绳，我担心它会被汽车撞伤或撞死。我们只会穿过一个比较热闹的街区，然后跑到一个水库，并绕着水库跑上几圈。它总是十分听从我的指令，该跑的时候跑，该停的时候停。如今，它已经 13 岁半了，在西班牙猎犬中算是高龄了。即使有不幸发生，在它的葬礼上，我们也可以说它是在做最喜欢的事情时离世的。

带狗跑步还有一个风险，就是巡逻的警察可能会把我拦下来，因为没有给狗套绳而对我加以处罚。不过，这么多年来，只有一位警官拦过我，提醒我没有遵从镇上的规定。我向他表示了感谢，之后再也没有见过他。有很多警察从我身边开车经过，好在他们都认为，与追逐带着狗跑步的女士相比，还有更要紧的事务需要处理。

我还面临着在黑暗中被绊倒的风险。但我太了解自己的跑步路线，即使是在白天最短的那段时间，我也没有改变既定路线。我跑步的郊区很安静，车也非常少，这使周围看上去更加黑了，但我只受伤过一次。布鲁克林镇好像在一夜之间就修好了人行道，原来的街道变成小桥。我的脚磕在小桥的台阶上，整个人飞了出去，磕伤了小腿。虽然很疼，但我还是捡了几片大叶子当绷带，继续跑步。伤疤在腿上停留了 10 年，但在前些年也逐渐消失了。

我进行“冒险”行为的时机是正确的，我喜欢在清早外出，早间的宁静让我有机会静心思考或心无一物。此外，这也是我锻炼的最佳时机。早间的寒冷不会对我构成困扰，当然我也不是那种在暴风雪等极端天气中锻炼的疯子。这么多年过去，我积累了一定的跑步经验，由于之前受过伤，每隔一段时间，我都会让医生为我检查膝盖。综上所述，我每天早上的跑步锻炼并不会为我带来太大风险。

然而，在世界各地出差时，我仍会保留在天亮前跑步的习惯。这确实较为冒险，因为我并不熟悉当地的地形，还有可能会迷路。跑步一段时间后，我从看门人那里拿到的地图会被手套或袜子里的汗水打湿，地图上的记号也会变得模糊不清，无法再为我提供帮助，使我无法依赖可靠的“知识”。有时，在如此早的时段，我无法找到会说英语的人。不过这并不会使我陷入危险之中，只会使我感到有些不方便——我经常需要跑更长的距离才能回到酒店。如果最坏的情景是需要乞求日本皇宫的守卫把我送回东京大仓酒店（Okura Hotel)，那么冒这样的风险还是可以接受的。

令人惊讶的秘密

我经常会与几位意志坚定、志趣相投的朋友一起跑步。鲍伯·盖默瑞（Bob Gamere）就是我多年的“跑友”。在第一次见到鲍伯之前，我已经知道他几十年了。当我只有十几岁的时候，他就已经是电视节目《保龄换现金》（*Candlepins for Cash*）的主持人了。这是在波士顿人气颇高的一档保龄球电视节目。鲍伯有浓密的头发、粗犷帅气的长相，十分有趣，又学识渊博，能够将保龄球节目讲解得非常好。他还有过另一份令人十分羡慕的工作——担任纽约洋基队的现场解说员。然而，由于他具有无可争议的自我毁灭倾向，这些电视主持工作都以失败告终。因为酗酒，他葬送了自己的大好前途。

我们初次见面是在1993年。那时，鲍伯频繁更换工作，在当地多家电视台担任体育解说员，游走于找工作与被裁之间。好在他一直有积极乐观的生活态度，而且是一名跑步高手。他曾用很长时间穿越波士顿地区，在穿越途中与游客、学生等各种有意思的人聊天。他也喜欢在清早慢跑，不介意寒冷的天气，会在我方便的地点与我会合。每周我们都会一起跑两三次，每次至少 1 个小时。我们还一起参加过波士顿马拉松赛等跑步赛事。

鲍伯学识丰富，对体育、政治及鸟类有独到的见解，还很会讲笑话。有一次他早上五点半出现，满身酒味。我给他下了最后通牒，如果我再闻到一次酒味，就再也不与他一起跑步了。自那之后，他再也没有醉酒时出现过。我们尽量不谈及过于私人的话题，至多说一下孩子们之间的事情。在多年前，他曾被人捅了好几刀，早上被人从芬威公园（Fenway Park）旁找到时都快死掉了。我从未问过他这件事情。我知道他经历复杂、缺点很多，但至少他与我在运动时认识的其他朋友一样可靠。

2008 年 10 月 22 日，在结束了晨跑之后，当我们准备分开时，鲍伯拥抱了我一下。这非常奇怪，因为他之前从未这样做过。当时，股市正处于自由落体之中，我以为他拥抱我是为了让我振作起来。然而，两天之后，在早上 5 点 16 分，我被收音机闹钟的早间新闻吵醒。我听到的第一条新闻是，前体育评论员鲍伯·盖莫瑞因涉嫌儿童色情行为而被逮捕。

来到办公室后，我给他打了电话。他向我解释道，他知道自己可能会被逮捕，所以那天他拥抱了我。我问他那些指控是不是真的，他说他从未不正当触碰过儿童，也从未尝试过。我并不知道这样的对话该怎样继续下去，没有继续追问他究竟做了些什么，便匆忙结束了对话。

不管不顾，还是慈善行为

鲍伯被捕一周后，我接到了美国联邦法庭工作人员的电话，是关于鲍伯·盖莫瑞的案子，我问有什么能够帮忙的。这位工作人员说，法官让盖莫瑞先生从监狱关押与家庭软禁之间选择，于是鲍伯问法官他能不能外出慢跑。法官觉得这样的要求很可笑，但鲍伯坚持这项请求，并问如果法庭指派一个人与他一起跑步，法官能不能考虑他的请求。法官问谁会愿意和你一起跑步，鲍伯回答说："凯伦·费尔斯通。"鲍伯的妻子戴安（Diane）坚称，我应该再也不想和他讲话，更不必说陪他一起跑步了。但鲍伯坚持让法庭询问一下我的意见。

我并没有立刻表示同意或反对，而是向法庭工作人员详细地询问了"陪跑"的相关事宜。她告诉我，当鲍伯外出跑步时，我需要为鲍伯的行踪做担保，也就是说，我必须和他一起跑。在工作日，他需要在早上七点之前回到家里；在周末，可以宽限到七点半。我可以自己制订跑步的时间安排，如果时间安排有调整，我需要提前告诉她或另一名工作人员。如果鲍伯有违规行为，也要及时报告。

我问她鲍伯的具体罪名是什么，她告诉我是涉嫌传播儿童色情制品。我说我需要考虑几天才能给出答复。她说这已经不是鲍伯第一次因此罪名被逮捕了，这次他肯定会被定罪。我告诉她我会尽快给她回话。这时，我需要仔细分析一下形势，并听取我可以信任的人的意见。

在人身安全这方面，我丝毫不担心。我已经和鲍伯一起跑步 15 年了，在这 15 年间，除了拥抱、不小心碰到，以及某天因熬夜与感冒晕倒后把我扶起之外，他从未碰触过我的身体。别人如果知道我陪鲍伯一起跑步，可能会用异样的眼光看我，但如果我不主动对别人讲，他们便不可能知道。此外，还存在鲍伯在跑步时试图逃跑的风险，但鲍伯不可能移掉脚上的跟踪器，而且他看上去不像那种会逃跑的人。尽管身体状况非常好，但他也快 70 岁了，跑步速度较前些年已经慢了很多。

那么，我为何会愿意帮他呢？尽管鲍伯犯了大错，但他毕竟是我的朋友，且没有对我做过非分的事情。更重要的是，跑步是鲍伯日常生活中最积极向上的部分，我不想因为我而使鲍伯失去跑步的机会，我能为他做些积极的事情。我知道鲍伯不喜欢用跑步机，如果拒绝他的请求，我也会觉得不好受。

几天之后，我告诉法庭工作人员我可以在周二、周四、周六早上陪鲍伯·盖莫瑞一起跑步，从第二天就可以开始，但具体日程安排要能根据我的休假或周末安排调整。听到我的决定，她多少有些惊讶。鲍伯当然非常高兴，但在跑步时，我们很少谈论关于案子的话题。他告诉我自己中了 FBI 对儿童色情网站浏览者设下的圈套。鲍伯的罪名让我感到恶心，我也不想听他关于自己被陷害的抱怨。偶尔，我们也会讨论一下他应该选择认罪还是等法庭审判，如果认罪的话，他需要到监狱服刑 5 年。

他的律师强烈建议他认罪，因为陪审员，尤其是女性陪审员通常不会对涉嫌儿童色情行为的被告心怀慈悲。鲍伯所犯罪名的最长刑期可达 12 年，如果陪审员判定他有罪，他很可能会被判 12 年监禁。我们从未谈及他对自己当前处境的看法，他是否感到后悔，以及这对他的家庭产生了怎样的影响。

对于他的妻子及三个孩子，我真心感到难过。他们都是成功人士，其中两个孩子也有了自己的孩子。我们主要是讨论一些常规话题，比如正在进行中的体育联赛、热点新闻，或是国家及当地的政治事件。在 2009 年，鲍伯经常说我是邪恶的华尔街帝国的一员，差点毁灭了世界。讽刺的是，他转变了局势，让我觉得自己才是有罪的那个人。

我们相伴晨跑，跑过了 2009 年的冬天、春天和秋天，但仍不知道确切的开庭日期。后来，鲍伯的开庭日被定在了 2010 年的 1 月。他让我帮他写封信向法庭求情，在刑期已经确定的情况下，请求让他在离波士顿较近的监狱服刑。鲍伯宣判的那天，我也来到庭审现场。这是我唯一一次踏入美国联邦法庭。由于鲍伯算是当地名人，有记者在法庭外拍摄照片。宣判后，穿制服的工作人员将鲍伯带至宾夕法尼亚州农村的一处监狱服刑，那里距波士顿有几百英里（几百千米）的距离。可见，我的影响力实在不值一提。

鲍伯入狱后，我们也会通过监狱的电子邮件系统通信。在发送邮件前，我会仔细检查邮件内容的措辞，因为有人会在鲍伯之前看到这些内容。偶尔，他也会给我打电话，告诉我一些他知道我会感兴趣的重大新闻。关于他在狱中的生活，我了解得并不多，只知道他在狱中教其他的狱友学英语，在天气允许的情况下，他也会在户外的临时跑道上跑步。

刑满释放后，他与戴安搬离了布鲁克林。我理解他们的做法。如今，他们在离城区很远的地方生活，据他们家几百码（不到 1000 米）的地方，就有一个很大的州立公园，那里有非常棒的跑道。

对于我曾是法庭指派的“监督陪跑员”一事，我只告诉过很少的几个人，而且我陪跑的对象最终因一项骇人的罪名被判 5 年监禁。不过对于了解我的人来说，他们不会感到震惊，因为无论是不是和鲍伯·盖莫瑞一起，我都会在早上外出慢跑。我将这件事情公布于众，或许会对我的声誉产生一些影响，但会让我感觉好一些。我知道，这也会让鲍伯感觉好一些。如今，我每天早上独自在黑暗中跑步，可能会比和鲍伯一起跑步时面临更大的风险。

有时，我们迫于压力，按照既定的模式考虑风险。在这样的情况下，我会拒绝鲍伯的提议。然而，这忽视了我对风险的真实考量，以及这样做会对鲍伯的生活产生的积极影响。此外，无论是在个人决策、专业决策还是投资决策的制定上，如果你计算出的风险小于普遍观点，选择承担风险会让你收获巨大的满足感。

后　　记

我们的公司经历了金融危机、黑客攻击，每日都要应对各种投资的不确定性。但我们生存下来了，并逐渐壮大，迎来了公司成立10周年的里程碑。尽管我们在经历了当代最剧烈的经济动荡后脱颖而出，但如今奥里斯又来到了重要关口，即将制定的决策将影响公司在未来数年的发展。

公司之所以能够取得成功，很大程度上归功于公司有合理的内部结构，从一开始就对公司文化产生了积极的影响。如今，我们即将面临重大变动：公司的联合创始人、合伙人大卫即将进入半退休状态。自公司成立时起，大卫就担任公司的董事会主席。由于年龄的差异，我知道他终将比我早退休，但我总觉得那将是很久之后的事情。直到最近，我接替了大卫的职务，在担任CEO的同时，还担任公司的董事会主席。我感觉这样的决定有些贪婪与自私，或许这样做是个错误，或许这将为公司带来风险。

可能由于我们是男女合作，大卫和我一直致力于创建和谐友好的工作环境，强调合作至上，极少发生冲突。我们尊重与喜欢对方，即便出现分歧时也是如此。不过工作起来我们毫不含糊，确保将投资收益率维持在高水平，毕竟这是我们从事投资的目的所在。在这样一种公司文化下，自公司成立以来，员工的离职率非常低。

对于正在竞争大卫职位的人，每一位我都非常了解。我会对他们逐一进行考察，结合他们在完成重大任务时的表现，评估他们应对更大压力及与其他员工互动的能力。我正在回顾公司成立以来，我们如何制定并执行了各个不同的投资项目，如何为客户提供个性化的投资服务，并在此过程中对各位合伙人的风格进行比较。他们都是我最亲密的伙伴，对公司的发展方向有着相同的见解，但他们也有各自的声音。大卫和我有非常好的合作关系，虽然我们经常争论并质疑对方的观点，但在重大议题上，我们最终总能达成一致。

对于自己对公司员工间关系的了解程度，以及一两个人职位的变化将如何影响公司内部氛围，我必须持怀疑态度，我的职位变化也包括在内。有时，我会与在股票板块合作密切的合伙人就选股问题展开争论。尽管我们总能化解争论，但是，在公司管理议题上也会这样吗？我不希望增加公司的行政管理层级，这将降低公司管理的透明度，减少项目共同参与者之间的直接对话。无论在股票投资领域还是行政管理领域，几乎所有的过渡都无法像预想中一样顺利。在责任划分及沟通交流方面，我还需要关注很多细节性的问题，还要有更多的耐心。

在我的事业及生活中，我经历过很多高压情景，我们每个人都是如此。在制定重大决策时，风险总是无法回避的。学会评估及处理这些不确定性，是我一生中所面临的最大挑战之一。我十分感激自己丰富的人生经历，正是这些经历，塑造了我应对风险的风格和模式。作为一名投资者、家长、企业家、公司管理者，每种角色都提出了不同的要求，我不断试验，不断摸索实现理性风险承担的方法。最终，我总结出了理性风险承担原则，这些原则指引着我做出了生活中的很多决策。

致　谢

对于鼓励我写书，并在写作过程中敦促我的人，我表示由衷的感谢。在奥里斯资产管理公司，我的合伙人 Thad Davis 是我忠实的支持者，他总是乐于和我探讨观点，他阅读了《胜算》的部分章节，并提出了切实的意见。我在奥里斯的其他所有同事，尤其是 Brennan Jones、Stacey Atkinson 和 Stefan Karlsson，在研究及校对方面为我提供了很大帮助，在过去的一年中，他们对我的写作都非常支持。

Jonathan Hansen 对本书所有章节内容提出了非常有见解的反馈，有时也有尖锐的批评。若是没有他清晰的思路、严密的组织、乐观的精神，这本书不可能完成。我十分感谢我的经纪人 Giles Anderson，感谢他对我及我的作品充满信心。非常感谢 Erika Heilman、Jill Friedlander、Alicia Simons，以及 Bibliomotion 出版社的每一个人，他们总是充满热情，方向明确。我的朋友 Shirley Mills 主动阅读了本书的书稿，并仔细批注。在写作的过程中，Peter Economy

是我的好伙伴，并全程给予我指导。感谢与我交谈的所有人，感谢书中故事的主人公，他们的故事构成了本书的主要框架。感谢 Bach、Amy Winehouse、Keith Urban 等作曲家，我在工作时总是听他们的音乐。感谢值得我信赖的笔记本电脑，虽然我的电脑技能有限，但它从未丢失我写下的任何词语。

尤其感谢我的丈夫及生活伴侣 David，在本书的写作过程中，给予我非常有价值的读后感。感谢我的四个孩子及孙子孙女，感谢他们给予我的爱与灵感。最后，我想感谢我的母亲 Anita，如果她还在世，她会为我的成就感到非常骄傲。

注　释

前言

1. *Encyclopedia Britannica* online, "Charles E. Merrill," accessed November 2, 2014, http://www.britannica.com/biography/charles-e-merrill.

第 1 章

1. Ryan Dezember and Tess Styne, "Halliburton to Pay Nigeria $35 Million to Settle Bribery Case," *Wall Street Journal*, December 22, 2010.

第 2 章

1. "Washington State Investment Board Selects Fidelity to Manage International Mandate," October 27, 2004, http://institutional.fidelity.com/about_us/news/washington.html.

第 4 章

1. Colleen M. Faddick, "Health Care Fraud and Abuse: New Weapons, New Penalties, and New Fears for Providers Created by the Health Insurance Portability and Accountability Act of 1996 ("HIPAA")," *6 Annals of Health Law 77* (1997), http://lawecommons.luc.edu/annals/vol6/iss1/5.
2. "U.S. Department of Justice Health Care Fraud Report, Fiscal Years 1995 and 1996," October 27, 1997, http://www.justice.gov/opa/us-department-justice-health-care-fraud-report.
3. "Peak Prosperity," accessed April 15, 2015, http://www.peakprosperity.com/about.
4. Charles Hugh Smith, "The Fatal Flaw of Centrally Issued Money," April 9, 2015, http://www.peakprosperity.com/blog/92313/fatal-flaw-centrally-issued-money.

第 6 章

1. Nassim Taleb, *Black Swan* (New York: Random House, 2010), xxii.

第 7 章

1. Timothy Geithner, "Geithner's Speech to the Economic Club of Washington," Real Clear Politics, April 22, 2009.
2. Aureus company reports, generated by Advent Software.
3. Aureus company reports, generated by Advent Software.

第 9 章

1. Michael Wallace, et al., "Warburg Dillon Read Report, Yahoo," January 18, 2000.
2. Youssef Squali, "Cantor Fitzgerald, Yahoo," May 20, 2015.
3. Bob Hiller and Daniel Lynch, "Credit Suisse Report on Yahoo," August 30, 2000.
4. Scott Ard, "Taking Stock of 1999: From e-Commerce to Linux to Wireless, 1999 Was a Banner Year. What's Ahead for 2000?," January 2, 2002, http://www.cnet.com/news/taking-stock-of-1999/.
5. Ard, "Taking Stock of 1999."
6. Timothy Dolan, "Deutsche Bank Report on Broadvision," September 21, 1999.
7. United States Census Bureau, "U.S Retail Trade Sales—Total and e-Commerce (1998–2013)," http://www.census.gov/retail/index.html.
8. United States Department of Commerce, "E-Stats," March 7, 2001, http://www.census.gov//econ/estats/1999/1999estatstext.pdf.
9. "Ecommerce Sales Topped $1 Trillion for First Time in 2012," *Emarketer*, February 5, 2013, http://www.emarketer.com/Article/Ecommerce-Sales-Topped-1-Trillion-First-Time-2012/1009649.
10. Allison Enright, "U.S. Annual e-Retail Sales Surpass $300 Billion for the First Time," February 17, 2015, https://www.internetretailer.com/2015/02/17/us-annual-e-retail-sales-surpass-300-billion-first-time.
11. U.S Department of Commerce, "U.S. Census Bureau News," November 17, 2015, https://www.census.gov/retail/mrts/www/data/pdf/ec_current.pdf.

第 10 章

1. Aureus analysis and research.
2. Charles Arthur, "Ten Things to Know About Blackberry—And How Much Trouble It Is (or Isn't) In," *The Guardian*, September 29, 2014, http://www.theguardian

.com/technology/2014/sep/29/ten-things-to-know-blackberry-john-chen.

3. Mark Rogowsky, "Without Much Fanfare, Apple Has Sold Its 500 Millionth iPhone," *Forbes*, March 25, 2014, http://www.forbes.com/sites/markrogowsky/2014/03/25/without-much-fanfare-apple-has-sold-its-500-millionth-iphone/.
4. "Nasdaq Net 1 UEPS Technologies, Inc. Stock Report," November 2, 2015, http://www.nasdaq.com/symbol/ueps/stock-report.
5. Aureus company reports, generated by Advent Software.

第 11 章

1. Jason Napier, Allied Irish Banks Plc, "Allied Irish Bank FY2007 Earnings Review," Deutsche Bank, March 29, 2008.
2. Lauren Dugan, "Only Half of Twitter's Active Users Actually Tweet," *Social Times*, November 11, 2013, http://www.adweek.com/socialtimes/twitter-monthly-active-users/493019.
3. Doug Anmuth, et al., "J. P. Morgan Report," December 2, 2013.

第 12 章

1. Aureus company reports, generated by Advent Software.

第 14 章

1. Bob Van Voris, "David Blech Gets Four Years for Manipulating Stock Prices," Bloomberg Business, May 2, 2013, http://www.bloomberg.com/news/articles/2013-05-02/david-blech-gets-four-years-for-manipulating-stock-prices.

译者后记

正如凯伦·费尔斯通在书中阐述的一样，风险无处不在。无论是在商场、职场、生活中，还是在需要做出投资决策时，我们总是不得不面临各种不确定性，难免犹豫不决、瞻前顾后。那么，在类似情景中，与风险为伴的专业人士是怎么应对的呢？

《胜算》一书给出了答案。

在多年经验的基础上，凯伦·费尔斯通总结出理性风险承担的四大原则：确定风险的大小，选择合适的时机，依靠知识与经验，对承诺和预期存疑。本书的第一部分逐一解释了这四大原则，第二、三、四部分则展示了如何将这些原则应用到商业、投资、生活中。本书由一个个直切主题的案例组成，高度还原了每个故事的情景，我们每个人都可以把自己当作故事的主人公，设想自己在同样的情境下，会做出怎样的选择。

翻译的过程也是自我学习的过程。翻译每个章节时，我总是被一个个引人入胜的故事所吸引，被严谨的分析推论所叹服。最让我感触深刻的是，凯伦·费尔斯通在31岁时，就已经是两对双胞胎的母亲了。她非但没有因此而远离职场，反而很好地平衡了工作与家庭之间的关系，在投资界打出了一片天地，是职场女性的榜样。她的这段经历也是本书的案例之一，在第13章详细讲述。

本书第1～3章、第7～15章由任永坤翻译，第4章由王前翻译，第5章由黄岩翻译，第6章由常媛媛翻译。初译完成后，任永坤、刘珊珊、徐素月、黄晓文对初译稿进行了审校。由于能力有限，如有错误之处，请读者批评指正。最后十分感谢华章出版社王颖老师的帮助与鼓励，使我顺利完成了本书的翻译。

任永坤

2017年5月于山东淄博

作者简介

凯伦·费尔斯通（Karen Firestone）是奥里斯资产管理公司的主席、CEO及联合创始人。在创立奥里斯之前，她曾在富达投资公司工作22年，担任多样化基金管理人及行业分析师。她经常在《哈佛商业评论》的博客及《赫芬顿邮报》上发表文章。费尔斯通女士从哈佛学院获得了学士学位，从哈佛大学商学院获得了工商管理硕士学位。她和她的丈夫目前居住在波士顿的布鲁克林。他们的四个孩子均已成年，还有两个孙子孙女。